Sarah Bakewell

MONTAIGNE

oder

Das Glück, mit Büchern zu leben

Sarah Bakewell

MONTAIGNE

oder

Das Glück, mit Büchern zu leben

Aus dem Englischen

von Rita Seuß

C.H.Beck

Dieser Band ist ein Auszug aus dem Buch von Sarah Bakewell
«Wie soll ich leben? oder Das Leben Montaignes
in einer Frage und zwanzig Antworten».
Zusammengestellt von Friederike Mayer-Lindenberg

Titel der englischen Originalausgabe:
«How To Live or A Life of Montaigne
in one question and twenty attempts at an answer»

Zuerst erschienen 2010 bei Chatto & Windus, London

Die deutsche Ausgabe erschien zuerst 2012 in gebundener Form
im Verlag C.H.Beck (2. Auflage. 2012, 3. und 4. Auflage. 2013).
Sonderausgabe in der C.H.Beck Jubiläumsedition 2013
1. und 2. Auflage in C.H.Beck Paperback. 2016, 2019

Mit 13 Abbildungen

Für die deutsche Ausgabe:

www.chbeck.de
Umschlagentwurf: Konstanze Berner nach einem Entwurf von
geviert.com, Christian Otto
Umschlagabbildung: Porträt von Michel de Montaigne,
französische Schule, 17. Jahrhundert, © Bridgeman Images
Satz: Fotosatz Amann, Memmingen
Druck und Bindung: Pustet, Regensburg
Gedruckt auf säurefreiem, alterungsbeständigem Papier
Printed in Germany
ISBN 978 3 406 77758 5

myclimate

klimaneutral produziert
www.chbeck.de/nachhaltig

Inhalt

In den Büchern suche ich bloß das Vergnügen eines honorigen Zeitvertreibs – oder, befasse ich mich eingehender mit ihnen, keine andere Wissenschaft als jene, die zur Selbsterkenntnis führt und mich lehrt, recht zu sterben und recht zu leben.

PROLOG

Über sich selbst schreiben

Die Welt des 21. Jahrhunderts ist voll von Menschen, die sich intensiv mit sich selbst beschäftigen. Ein halbstündiger Streifzug durch das Meer von Blogs und Tweets, von Tubes, Spaces, Faces, Pages und Pods erbringt eine reiche Ausbeute an Individuen, die von sich selbst fasziniert sind und nach Aufmerksamkeit gieren. Sie kreisen um sich selbst. Sie schreiben Tagebuch, sie chatten und stellen ihre Fotos ins Netz. Hemmungslos extrovertiert, sind sie zugleich auf beispiellose Weise introspektiv. In einer gemeinsamen großen Feier des Ichs teilen Blogger und Networker ihre intimsten Erfahrungen miteinander.

Ein paar Optimisten haben versucht, diesen globalen geistigen Austausch zum Ausgangspunkt einer neuen Art der Kommunikation zu machen. Der Historiker Theodore Zeldin hat die Webseite «The Oxford Muse» ins Leben gerufen und fordert die Menschen auf, ihr Alltagsleben, ihre Fähigkeiten und Fertigkeiten in kurzen Selbstporträts zu beschreiben, die von anderen gelesen und kommentiert werden können. Für Zeldin ist diese öffentliche Form der Selbstdarstellung der beste Weg, Vertrauen und Kooperation zu fördern und stereotype Vorstellungen von Menschen aus anderen Ländern durch ein realistisches Bild von Individuen zu ersetzen. Das große Abenteuer unserer Zeit, sagt er, bestehe darin, «zu entdecken, wer diese Welt bewohnt, und zwar jeden Einzelnen». «The Oxford Muse» ist daher angefüllt mit persönlichen Texten und Interviews, die Titel tragen wie:

> Warum eine gebildete Russin als Reinigungskraft in Oxford arbeitet.
> Warum der Friseurberuf das Perfektionsbedürfnis befriedigt.
> Wie man anhand eines Selbstporträts erkennt, dass man nicht der ist, der man zu sein glaubt.
> Was man entdecken kann, wenn man nicht trinkt oder tanzt.
> Warum man schriftlich mehr über sich preisgibt als mündlich.
> Wie man gleichzeitig erfolgreich und faul sein kann.
> Wie ein Koch seine Menschenfreundlichkeit zum Ausdruck bringt.

Indem die Teilnehmer beschreiben, worin sie sich von allen anderen unterscheiden, verraten sie, was sie mit allen anderen gemeinsam haben: ihr Menschsein.

Diese Idee, über sich selbst zu schreiben und damit anderen einen Spiegel vorzuhalten, existierte durchaus nicht immer. Sie musste erst in die Welt gesetzt werden. Und anders als bei vielen anderen kulturellen Erfindungen lässt sich in diesem Fall eine bestimmte Person als Schöpfer dingfest machen: Michel Eyquem de Montaigne, ein Adliger, Staatsbeamter und Besitzer eines Weinguts, der zwischen 1533 und 1592 im Périgord im südwestlichen Frankreich lebte.

Montaigne etablierte diese Idee schlicht dadurch, dass er sie praktisch umsetzte. Anders als den meisten Memoirenschreibern seiner Zeit ging es ihm nicht darum, seine Verdienste und Leistungen zu dokumentieren. Er lieferte auch keinen Augenzeugenbericht historischer Ereignisse, obwohl er auch das hätte tun können: Er lebte in einer Zeit der religiösen Bürgerkriege, die sein Land verwüsteten, während die Idee zu den *Essais* in ihm reifte und er zu schreiben begann. Seine Generation wuchs ohne jenen hoffnungsvollen Idealismus auf, der die Generation seines Vaters geprägt hatte. Montaigne trotzte den Wirrnissen seiner Zeit, bewirtschaftete sein Landgut, nahm als Gerichtsrat an Prozessen teil und führte Bordeaux als Bürgermeister mit so leichter Hand wie niemand vor und wie niemand nach ihm. Und während dieser ganzen Zeit schrieb er introspektive, ziellos mäandernde Texte, denen er schlichte Titel gab:

Über die Freundschaft
Über die Menschenfresser
Über den Brauch, Kleider zu tragen
Wie wir über ein und denselben Gegenstand lachen und weinen
Über Namen
Über Gerüche
Über Grausamkeit
Über die Daumen
Wie unser Urteilsvermögen sich selbst behindert
Über die Ablenkung
Über Wagen
Über die Erfahrung

Insgesamt verfasste er einhundertsieben solcher *Essais*. Manche sind ein, zwei Seiten lang, andere sehr viel umfangreicher, so dass neuere Gesamtausgaben als dicke Wälzer daherkommen. Diese *Essais* wollen weder rechtfertigen noch belehren. Montaigne präsentiert sich in ihnen als jemand, der alles notierte, was ihm durch den Kopf ging, sobald er die Feder zur Hand nahm, um Begegnungen und Bewusstseinszustände festzuhalten. Diese Erfahrungen bildeten für ihn den Ausgangspunkt, um sich Fragen zu stellen, allen voran die große Frage, die ihn wie viele seiner Zeitgenossen bewegte und die sich in vier Worte fassen lässt: «Wie soll ich leben?»

Das ist nicht dasselbe wie die ethische Frage: «Wie sollte man leben?» Moralische Zwickmühlen interessierten Montaigne zwar auch, aber sein Interesse galt weniger dem, was die Leute tun sollten, als dem, was sie tatsächlich taten. Er wollte wissen, wie man ein gutes Leben führen kann: ein richtiges und redliches Leben, das gleichzeitig zutiefst menschlich, befriedigend und gedeihlich ist. Diese Frage drängte ihn zum Schreiben und Lesen über das menschliche Leben in Gegenwart und Vergangenheit. Er machte sich unablässig Gedanken über die Gefühle und Motive, die hinter dem steckten, was die Menschen taten. Und da er mit sich selbst das Exemplar eines solchen Menschen vor Augen hatte, der seinen alltäglichen Geschäften nachging, machte er sich ebenso viele Gedanken über sich selbst.

«Wie soll ich leben?» ist eine pragmatische Frage, die sich in eine Vielzahl gleichermaßen pragmatischer Fragen aufsplittert. Wie alle Menschen rang auch Mon-

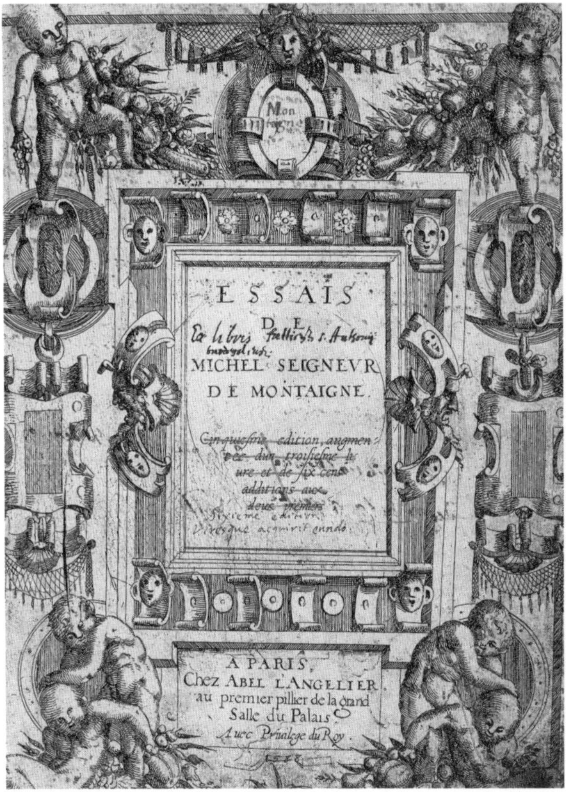

Titelblatt der 1588 in Paris gedruckten Ausgabe der «Essais»

taigne mit den großen Rätseln der menschlichen Existenz: mit der Todesangst, dem Tod seiner Kinder und dem Verlust eines geliebten Freundes, mit dem eigenen Scheitern und der Frage, wie man aus jedem Augenblick das Beste machen kann, um das Leben voll auszuschöpfen. Aber auch alltäglichere Fragen beschäftigten ihn: Wie entgeht man einem fruchtlosen Streit mit seiner Frau oder einem Bediensteten? Wie ist ein Freund zu beruhigen, der sich einbildet, er sei verhext worden? Wie kann man eine weinende Nachbarin aufmuntern? Wie sein eigenes Haus schützen? Was ist die beste Strategie, wenn man sich in der Gewalt bewaffneter Räuber befindet, die nicht wissen, ob sie einen töten oder als Geisel festhalten sollen? Ist es klug, sich einzumischen, wenn man die Erzieherin seiner Tochter etwas sagen hört, was den eigenen Grundsätzen widerspricht? Wie geht man mit einem üblen Raufbold um? Was sagt man seinem Hund, der zum Spielen ins Freie will, während man selbst lieber am Schreibtisch sitzen und an seinem Buch weiterarbeiten möchte?

Montaigne gibt keine abstrakten Antworten, sondern teilt uns mit, was er selbst in der jeweiligen Situation getan hat. Er liefert uns die konkreten Details – und manchmal noch viel mehr. Ohne besonderen Grund teilt er uns mit, das einzige Obst, das er gern esse, seien Melonen; dass er Sex lieber im Liegen als im Stehen mache; dass er nicht singen könne, anregende Gesellschaft schätze und im Eifer des Gefechts manchmal Rundumschläge austeile. Er beschreibt aber auch Gefühle, die schwerer in Worte zu fassen oder auch nur wahrnehmbar sind: Wie es ist, faul zu sein, mutig oder unentschlossen; wenn man seiner Eitelkeit nachgibt oder versucht, sich von einer alles beherrschenden Angst zu befreien. Er schreibt sogar über das schiere Gefühl, am Leben zu sein.

Montaigne beschäftigte sich mehr als zwanzig Jahre lang mit solchen Phänomenen, er stellte sich selbst immer wieder in Frage und zeichnete schreibend ein Bild seiner Person. Auf diese Weise entstand ein sich beständig veränderndes Selbstporträt, das bis heute so lebendig ist, dass der Leser das Gefühl hat, Montaigne trete aus den Buchseiten heraus, setze sich neben ihn und lese mit. Montaigne sagt zuweilen überraschende Dinge. Vieles hat sich verändert, seit Montaigne vor fast fünfhundert Jahren geboren wurde, und weder die von ihm geschilderten Verhaltensweisen noch die Ansichten und Überzeugungen sind für uns heute immer nachvollziehbar. Dennoch: Montaigne zu lesen bedeutet, erschrocken festzustellen, wie vertraut er uns ist. Der zeitliche Abstand zwischen ihm und dem Leser des 21. Jahrhunderts scheint aufgehoben. Viele Leser erkennen sich in ihm in ähnlicher Weise wieder, so wie die Besucher der Webseite «The Oxford Muse» in der Geschichte der gebildeten russischen Putzfrau oder in der Beschreibung eines Menschen, der aufs Tanzen verzichtet, Facetten ihrer selbst erkennen.

Die meisten Menschen, die Montaignes *Essais* lesen, erwarten sich etwas ganz Bestimmtes. Sie suchen Unterhaltung, Erleuchtung, historische Einsichten oder etwas Persönlicheres. Einer Freundin, die wissen wollte, wie sie Montaigne lesen solle, empfahl Gustave Flaubert:

> Lesen Sie ihn nicht, wie die Kinder lesen, um sich zu vergnügen, noch wie die Ehrgeizigen lesen, um sich zu bilden. Nein, lesen Sie, um zu leben.

Der Umgang mit Büchern
weicht mir auf meiner ganzen
Lebensbahn nicht von der Seite
und steht mir allenthalben zu
Diensten. Er tröstet mich im Alter
und in der Einsamkeit.
Er entlastet mich von der Bürde
eines öden Müßiggangs
und hält mir zu jeder Stunde
unerwünschte Gesellschaft
vom Leibe.

1.

Wie Montaigne die Angst vor dem Tod überwand und sich dem Strom des Lebens überließ

Montaigne war nicht immer ein geselliger Mensch. In seiner Jugend, während seine Freunde tanzten, lachten und tranken, saß er manchmal in düsteren Gedanken abseits. Seine Freunde erkannten ihn dann gar nicht wieder, denn er flirtete sonst gern mit den Frauen oder diskutierte leidenschaftlich über eine neue Idee, die ihn beschäftigte. Seine Freunde fragten sich in solchen Momenten, ob er sich über irgendeine Bemerkung von ihnen geärgert habe. Wie er später in seinen *Essais* bekannte, nahm er jedoch in dieser trüben Stimmung seine Umgebung kaum wahr. Inmitten des geselligen Treibens dachte er über eine beängstigend wahre Geschichte nach, die er irgendwo gehört hatte – beispielsweise über den jungen Mann, der ein paar Tage zuvor nach einem ähnlichen Fest über leichtes Fieber geklagt hatte und daran gestorben war, noch bevor seine Freunde ihren Kater überwunden hatten. Wenn der Tod so heimtückisch sein konnte, dann war auch er selbst, Montaigne, nur durch eine hauchdünne Membran vom Nichts getrennt. Seine Todesfurcht wurde so groß, dass sie ihm seine ganze Lebensfreude nahm.

Mit zwanzig litt Montaigne unter dieser Obsession, weil er sich zu intensiv mit den antiken Philosophen beschäftigt hatte. Der Tod war ein Thema, über das die klassischen Autoren unermüdlich nachdachten. Cicero fasste ihren zentralen Gedanken in dem Satz zusammen: «Philosophieren heißt sterben lernen.» Diesen Ausspruch sollte Montaigne später als Titel eines seiner *Essais* verwenden.

Doch wenn seine Probleme mit einem Zuviel an Philosophie in einem Alter begannen, in dem man für Eindrücke besonders empfänglich ist, so verschwanden sie nicht einfach, als er erwachsen wurde. Mit dreißig, also in einem Alter, in dem man eine abgeklärtere Sichtweise erwarten könnte, empfand Montaigne die niederschmetternde Nähe des Todes stärker als je zuvor, denn jetzt war er auch persönlich betroffen. Der Tod war nicht länger eine abstrakte, sondern eine reale Bedrohung, denn er raffte Menschen hinweg, die ihm nahestanden. 1563, als Montaigne dreißig Jahre alt war, starb sein bester Freund Étienne de La Boétie an der Pest. 1568 starb sein Vater, wahrscheinlich an Komplikationen nach einer Nierenkolik. Im Frühjahr des folgenden Jahres verlor Montaigne seinen jüngeren Bruder Arnaud de Saint-Martin bei einem ungewöhnlichen Sportunfall. Er selbst hatte zu dem Zeitpunkt gerade geheiratet. Das erste Kind aus dieser Ehe starb mit nur zwei

Monaten im August 1570. Montaigne musste den Tod vier weiterer seiner Kinder erleben. Nur eine Tochter erreichte das Erwachsenenalter. Diese Schicksalsschläge machten zwar den Tod als Bedrohung konkreter, aber das war alles andere als tröstlich. Montaignes Ängste waren so stark wie zuvor.

Der schmerzlichste Verlust für ihn war sicherlich der Tod seines Freundes La Boétie, den er über alles liebte, doch der größte Schock muss der Tod seines Bruders Arnaud gewesen sein. Er war siebenundzwanzig Jahre alt, als er beim Paume-Spiel, einem Vorläufer des heutigen Tennis, von einem Ball am Kopf getroffen wurde. Es kann kein sehr heftiger Schlag gewesen sein, denn er blieb ohne unmittelbare Wirkung. Fünf, sechs Stunden später jedoch verlor Arnaud das Bewusstsein und starb, wahrscheinlich an einem Blutgerinnsel oder einer Hirnblutung. Niemand konnte es fassen, dass ein kerngesunder junger Mann durch etwas so Harmloses so schnell aus dem Leben gerissen werden konnte. Es ergab keinen Sinn und war noch viel beängstigender als die Geschichte des jungen Mannes, der an einem Fieber gestorben war. «Wie kann man angesichts der Tatsache, dass dergleichen Fälle sich so häufig, ja Tag für Tag vor unsren Augen ereignen», schrieb Montaigne über Arnaud, «die Gedanken an den Tod abschütteln und die Empfindung, dass er uns jeden Augenblick am Kragen gepackt hält?»

Er konnte sich von diesem Gedanken einfach nicht befreien, und er wollte es auch nicht. Auch stand er nach wie vor unter dem Eindruck seiner philosophischen

Lektüre. «Bedenken wir nichts so oft wie den Tod», schrieb er in einem frühen *Essai* zu diesem Thema:

> Stellen wir ihn jeden Augenblick und in jeder Gestalt vor unser inneres Auge. Fragen wir uns beim Stolpern eines Pferdes, bei einem herabstürzenden Ziegel, beim geringsten Nadelstich immer wieder sogleich: «Wie, könnte das nicht der Tod persönlich sein?»

Wenn man sich seinen eigenen Tod nur oft genug vor Augen führe, behaupteten seine Lieblingsphilosophen, die Stoiker, könne er einen nicht mehr überraschen und verliere seinen Schrecken. Wenn man auf ihn vorbereitet sei, könne man ohne Furcht vor ihm leben. Doch Montaigne stellte fest, dass das genaue Gegenteil stimmte. Je eindringlicher er sich vor Augen hielt, was ihm oder seinen Freunden alles zustoßen konnte, desto unruhiger wurde er. Selbst wenn es ihm für einen flüchtigen Augenblick gelang, den Gedanken abstrakt zu akzeptieren, so konnte er sich doch niemals konkret an ihn gewöhnen. Seinen Geist beherrschten Bilder von Verletzungen und Fieberkrankheiten, von Menschen, die an seinem Sterbebett weinten, und von der «Berührung durch eine vertraute Hand», die sich zum Abschied auf seine Stirn legte. Er stellte sich vor, wie sich die Welt um die Lücke schloss, die sein Tod gerissen hatte; wie seine Kleider zusammengesucht und unter seinen Freunden und Bediensteten verteilt wurden. Diese Gedanken waren keine Befreiung, sie nahmen ihn gefangen.

Zum Glück gelang es Montaigne, sich im Alter zwischen vierzig und fünfzig davon zu lösen, und er wurde heiter und unbeschwert. Jetzt konnte er leichte, lebensbejahende *Essais* schreiben, und seine Todesbesessenheit verschwand. Wie stark sie gewesen war, wissen wir nur, weil sein Buch davon erzählt. Doch jetzt lehnte er es ab, sich über irgendetwas den Kopf zu zerbrechen. Das Sterben «geht ja im Nu vorbei», schrieb er in einem seiner letzten Einträge zu den *Essais*. Es lohne sich nicht, sich deshalb zu ängstigen. Einst der trübsinnigste unter seinen Freunden, wurde er jetzt, in mittleren Jahren, zu deren sorglosestem und zu einem Meister der Lebenskunst. Kuriert hatte ihn eine dramatische Todeserfahrung, gefolgt von einer Midlife Crisis, die ihm den Anstoß gab, seine *Essais* zu schreiben.

Diese Todeserfahrung machte Montaigne 1569 oder Anfang 1570 – das genaue Datum ist unbekannt – nach einem Sturz vom Pferd. Er war in einem Zustand der inneren Ermattung und äußeren Unruhe, als die Bediensteten ihn ins Haus trugen. Er fühlte sich, als schwebte er auf einem Zauberteppich, er spürte keine Schmerzen und keine Angst beim Anblick all der besorgten Menschen um ihn herum, nur Mattigkeit und Schwäche. Seine Diener brachten ihn zu Bett, und ein unbeschreiblich sanftes und friedliches Gefühl erfüllte ihn, ohne dass er im Geringsten über seinen Körper nachdachte. «Ich empfand ein unsägliches Wohlgefühl in dieser Ruhe, denn ich war von den armen Leuten übel herumgezerrt worden, die sich die Mühe aufgebürdet hatten, mich über einen langen und äußerst

Michel de Montaigne, kolorierter Kupferstich von Charles Langlois, 1846, nach einer Zeichnung von Louis Pierre Henriquel-Dupont

schlechten Weg auf ihren Armen zu tragen.» Er lehnte jede Arznei ab, überzeugt, dass er sterben werde. Es wäre «fürwahr ein seliger Tod gewesen».

Diese Erfahrung des Sterbens war ganz anders, als Montaigne es sich bis dahin vorgestellt hatte. Er hatte eine Reise an die Grenze des Todes unternommen, war ihm ganz nah gekommen, hatte ihn mit seinen Lippen berührt und gekostet wie ein unbekanntes Aroma. Dies war ein *essai* über den Tod: eine Übung oder *exercitation* – dies ist das Wort, das Montaigne verwendete, als er über diese Erfahrung schrieb. Später spielte er seine Empfindungen immer und immer wieder durch und rekonstruierte sie so genau wie möglich, um daraus zu lernen. Das Schicksal hatte ihm die Chance gegeben, den philosophischen Konsens über den Tod am eigenen Leib zu erfahren. Aber er war nicht sicher, ob er die richtige Antwort gefunden hatte. Die Stoiker hätten seine Schlussfolgerungen sicher missbilligt.

Teile der Lektion waren aber ganz im Einklang mit den Philosophen: Diese *exercitation* lehrte ihn, die eigene Nichtexistenz nicht zu fürchten. Der Tod konnte ein freundliches Gesicht haben, wie es die Philosophen versprochen hatten. Montaigne hatte ihm ins Auge geblickt, aber nicht mit scharfem Verstand, wie es einem Vernunftmenschen angemessen gewesen wäre. Statt mit offenen Augen auf den Tod zuzumarschieren, tapfer wie ein Soldat, hatte er sich mit kaum einem klaren Gedanken in diesen Zustand fallen lassen, von ihm verführt. Beim Sterben, so erkannte er jetzt, begegnet man keineswegs dem Tod, denn man ist schon vorher nicht mehr da. Man stirbt, als würde man in den Schlaf hinübergleiten. Die Stimmen derjenigen, die einen festzuhalten versuchen, streifen einen nur «an der Oberfläche der Seele». Das eigene Leben hängt an einem Faden, «nur noch am Rande der Lippen», wie Montaigne sich ausdrückte. Das Sterben war nichts, auf das man sich vorbereiten konnte. Die Vorstellung, man könne «sterben lernen», war ein Hirngespinst.

Trotz seiner Bereitschaft, in den Tod hinüberzugleiten, starb Montaigne nach diesem Unfall nicht. Er erholte sich – und führte von da an ein etwas anderes Leben. Aus seinem «Versuch» über den Tod bezog er eine entschieden unphilosophische philosophische Lektion, die er folgendermaßen beschrieb:

> Falls ihr nicht zu sterben versteht – keine Angst! Die Natur wird euch, wenn es so weit ist, schon genau sagen, was ihr zu tun habt, und die Führung der Sache voll und ganz für euch übernehmen; grübelt also nicht darüber nach.

«Habe keine Angst vor dem Tod» wurde zu seiner fundamentalen, befreienden Antwort auf die Frage, wie man leben soll. Sie befreite ihn – zum Leben.

Aber das Leben ist schwieriger als der Tod. Statt passivem Sichergeben bedarf es der Aufmerksamkeit und des aktiven Engagements. Und das Leben kann auch schmerzlicher sein. Montaignes wohliges Sich-treiben-Lassen auf der Woge des Vergessens blieb kein Dauerzustand. Als er zwei, drei Stunden später wieder das volle Bewusstsein erlangt hatte, befielen ihn körperliche

Schmerzen, seine Gliedmaßen waren «ganz zerquetscht und zerschlagen», tagelang. Und mehr als drei Jahre später schrieb er: «Noch heute spüre ich die Wucht jenes Zusammenpralls.»

Bis die Erinnerung zurückkehrte, dauerte es länger, obwohl er tagelang versuchte, durch die Befragung von Augenzeugen über das Geschehene Klarheit zu gewinnen. Und dann stand ihm urplötzlich alles wieder vor Augen, als hätte ihn ein Blitz getroffen. Seine Rückkehr ins Leben vollzog sich so schlagartig wie sein Unfall: massiv, voller Wucht. Das Leben fuhr mit aller Macht in ihn, während der Tod etwas Sanftes und Oberflächliches gewesen war.

Von nun an versuchte er, diese Sanftheit und Leichtigkeit des Todes ins Leben hinüberzuretten. Es gab «so viele Löcher in unsrem Weg über die Erde», heißt es in einem späten *Essai*, «dass wir, um sicherzugehen, möglichst leicht und oberflächlich auftreten sollten». Diese Entdeckung nahm ihm weitgehend seine Angst vor dem Tod und gab ihm gleichzeitig ein neues Gefühl dafür, dass das Leben, wie es durch seinen Körper strömte, sein eigenes Leben, das Leben Michel de Montaignes, ein hochinteressantes Untersuchungsobjekt war. Er achtete jetzt auf Empfindungen und Erfahrungen nicht im Hinblick darauf, wie sie sein sollten oder welche philosophischen Lehren man aus ihnen ziehen konnte, sondern wie sie tatsächlich waren. Von nun an würde er sich dem Strom des Lebens überlassen.

Das war für ihn eine neue Disziplin, die nun sein Alltagsleben bestimmte und ihm – durch sein Schreiben – eine Form der Unsterblichkeit verschaffte. In der Mitte seines Lebens also gab Montaigne seinen bisherigen Kurs auf und wurde neu geboren.

Das Lesen dient mir vor allem dazu, durch vielerlei Gegenstände mein Denken anzuregen und meine Urteilskraft zu betätigen.

2.

Ein Hinterstübchen voller Bücher

Der Reitunfall selbst, der Montaignes Sichtweise so grundlegend veränderte, dauerte nur wenige Augenblicke, seine Wirkung dagegen entfaltete sich in drei Phasen, die sich insgesamt über mehrere Jahre hinzogen. Da ist zunächst der am Boden liegende, zerschundene Montaigne, den ein Gefühl der Euphorie durchströmt. Dann, in den Wochen und Monaten danach, begegnen wir einem Montaigne, der über dieses Erlebnis nachdenkt und es mit seiner philosophischen Lektüre in Einklang zu bringen sucht. Und schließlich tritt uns jener Montaigne entgegen, der ein paar Jahre später anfängt, darüber – und über zahllose andere Dinge – zu schreiben. Der Unfall selbst konnte jedem passieren. Das Nachdenken darüber war typisch für einen empfindsamen und gebildeten jungen Mann zur Zeit der Renaissance. Doch dass Montaigne darüber zu schreiben begann, macht ihn zu etwas Besonderem.

Wie der Unfall mit dem Entschluss, darüber zu schreiben, zusammenhängt, ist nicht leicht zu erklären. Jedenfalls richtete sich Montaigne nicht im Bett auf und griff zur Feder. Mit den *Essais* begann er erst ein paar Jahre später, um 1572, und auch dann schrieb er zuerst andere Kapitel, bevor er über jene Erfahrung des Todes Rechenschaft ablegte. Doch der Entschluss, auf diese Art zu schreiben, führte zu etwas ganz Neuem, das kein anderer Autor vor ihm versucht hatte: Montaigne analysierte seine innersten Empfindungen und folgte ihnen schreibend von einem Augenblick zum nächsten. Und es scheint tatsächlich einen chronologischen Zusammenhang zwischen dem Reitunfall und einem anderen Wendepunkt in seinem Leben gegeben zu haben, der ihn den Weg zum Schreiben einschlagen ließ: dem Entschluss, sein Amt als Parlamentsrat von Bordeaux aufzugeben.

Montaigne hatte bis dahin zwei Leben geführt: ein Leben in der Stadt als Inhaber politischer Ämter und eines auf dem Land als Verwalter seiner Güter. Nach dem Tod seines Vaters im Jahr 1568 hatte er das Familienanwesen übernommen, seinen Posten in Bordeaux jedoch behalten. Anfang 1570 verkaufte er dieses Amt. Neben dem Unfall gab es dafür noch andere Gründe. Er hatte sich vergeblich um eine Stelle an einer höheren Kammer des Parlaments beworben: eine Beförderung, die wahrscheinlich von politischen Gegnern hintertrieben wurde. Es wäre normal gewesen, Widerspruch einzulegen und um die Beförderung zu kämpfen, aber Montaigne zog sich zurück, sei es aus Verärgerung, sei es aus Enttäuschung. Vielleicht aber auch, weil sich durch die Begegnung mit dem eigenen Tod und nach dem Tod seines Bruders seine Einstellung zum Leben grundsätzlich verändert hatte.

Montaigne hatte dreizehn Jahre lang im Parlament

von Bordeaux gearbeitet, jetzt war er siebenunddreißig – nach den Maßstäben seiner Zeit in mittleren Jahren, aber keineswegs alt. Trotzdem entschloss er sich zum Rückzug aus dem Trubel des öffentlichen Lebens, um eine neue, kontemplative Existenz zu beginnen. An seinem achtunddreißigsten Geburtstag, fast ein Jahr nach seinem Rückzug aus allen politischen Ämtern, dokumentierte er diesen Schritt durch eine lateinische Inschrift, die er an der Wand seiner Bibliothek anbringen ließ:

> Im Jahr des Herrn 1571, im achtunddreißigsten Lebensjahr, am letzten Tag des Februar, seinem Geburtstag, hat sich Michel de Montaigne, seit langem der Bürden des Gerichts und der öffentlichen Ämter müde, in voller Schaffenskraft in den Schoß der gelehrten Jungfrauen [der Musen] zurückgezogen, wo er in Ruhe und aller Sorgen ledig die Tage verbringen wird, die ihm noch zu leben bleiben. Möge das Schicksal es ihm vergönnen, diese Wohnung der süßen Weltflucht seiner Ahnen zu vollenden, die er seiner Freiheit, seiner Ruhe und seiner Muße geweiht hat.

Von nun an lebte Montaigne ganz für sich und nicht mehr für die Pflicht. Vielleicht unterschätzte er, wie viel Mühe ihn die Bewirtschaftung des Landguts kosten würde, und noch lässt nichts darauf schließen, dass er vorhatte, *Essais* zu schreiben. Er spricht lediglich von «Ruhe» und «Freiheit». Und doch hatte er zu diesem Zeitpunkt schon mehrere kleinere literarische Projekte abgeschlossen. Eher widerwillig hatte er auf Drängen seines Vaters ein theologisches Werk übersetzt, hatte die nachgelassenen Schriften seines Freundes Étienne de La Boétie herausgegeben, Widmungen dazu verfasst und einen Brief, in dem er La Boéties letzte Lebenstage beschrieb. Während dieser Jahre um 1570, in denen er erste literarische Versuche unternahm, musste er den Tod mehrerer ihm nahestehender Menschen erleben und kam selbst in die Nähe des Todes. Er verspürte den Wunsch, sich aus dem politischen Leben in Bordeaux zurückzuziehen und ein geruhsameres Leben zu beginnen, und noch etwas geschah: Seine Frau wurde mit ihrem ersten Kind schwanger. Die Erwartung eines neuen Lebens wurde von der Erfahrung des Todes überschattet. Beides gemeinsam veränderte seine bisherige Existenz.

Montaignes Entschluss wurde den großen Lebensumbrüchen bedeutender Protagonisten der Weltliteratur an die Seite gestellt: Don Quijote, der aufbrach, um Ritterabenteuer zu suchen; oder Dante, der sich «in seines Lebens Mitte» in einem dunklen Wald verirrte. Montaignes Schritte in das Gestrüpp des Waldes in der Mitte seines eigenen Lebens und wie er wieder herausfand – beides hinterließ Spuren: die Spuren eines Menschen, der strauchelt, stürzt und sich wieder aufrappelt.

Juni 1568: Montaigne schließt seine Übersetzung aus dem Lateinischen ab. Sein Vater stirbt; er erbt das Anwesen.
Frühjahr 1569: Sein Bruder stirbt nach einem Unfall beim Paume-Spiel.

1569: Seine berufliche Karriere in Bordeaux gerät ins Stocken.
1569 oder Anfang 1570: Der beinahe tödliche Reitunfall.
Herbst 1569: Seine Frau wird schwanger.
Anfang 1570: Er entschließt sich zum Rückzug aus seinen Ämtern.
Sommer 1570: Er gibt seine Ämter auf.
Juni 1570: Sein erstes Kind wird geboren.
August 1570: Sein erstes Kind stirbt.
1570: Er veröffentlicht La Boéties nachgelassene Schriften.
Februar 1571: Er lässt die Geburtstagsinschrift in seiner Bibliothek anbringen.
1572: Er beginnt mit der Arbeit an den *Essais*.

Nachdem er sich diesem, wie er hoffte, kontemplativen neuen Leben überantwortet hatte, machte er sich daran, es nach seinen Vorstellungen einzurichten. Er wählte einen der beiden Rundtürme an den Ecken des Schlosskomplexes zu seinem Refugium und zu seiner Operationszentrale; den anderen Turm bezog seine Frau. Zusammen mit dem Hauptgebäude des Schlosses umgrenzten diese beiden Ecktürme einen schlichten quadratischen Hof. Ringsherum lagen Felder und Wälder.

Das Hauptgebäude wurde 1885 bei einem verheerenden Brand zerstört und durch einen Neubau nach einem ähnlichen Entwurf ersetzt, Montaignes Turm jedoch blieb vom Feuer verschont. Er ist bis heute im Wesentlichen unverändert und kann besichtigt werden. Bei

Château de Montaigne, Kupferstich. «Von meiner Bibliothek aus überschaue ich mein ganzes Hauswesen mit einem Blick. Sie liegt über dem Eingangstor, und ich sehe unter mir meinen Garten, meine Stallungen, meinen Innenhof und die meisten Teile meines Anwesens. Da oben blättere ich einmal in diesem, einmal in jenem Buch, ohne Ordnung, ohne Plan: wie es sich eben ergibt.»

einem Rundgang erkennt man sofort, warum sich Montaigne hier wohlfühlte: Für einen vierstöckigen Turm mit Mauern so dick wie bei einer Sandburg wirkt er von außen alles andere als wuchtig, eher gedrungen. Er war zur Verteidigung errichtet, von Montaignes Vater jedoch zu friedlicheren Zwecken umgebaut worden: mit einer Kapelle im Erdgeschoss und einer schmalen, den Turmrundungen entlanglaufenden Wendeltreppe. Das Stockwerk über der Kapelle wurde Montaignes Schlafzimmer, wo er oft übernachtete, anstatt ins Hauptgebäude des Schlosses zurückzukehren. Ein paar Stufen über diesem Raum befand sich eine Nische mit einer Toilette. Und darüber wiederum, direkt unter dem Dachstuhl mit seiner «mächtigen Glocke», die ohrenbetäubend laut schlug, lag Montaignes liebster Aufenthaltsort: seine Bibliothek.

Steigt man die ausgetretenen Steinstufen hoch und betritt die Bibliothek, hat man einen weiten Blick über den Hof und die Landschaft, wie ihn auch Montaigne genossen haben muss. Das Zimmer selbst sah wohl anders aus als heute. Es ist jetzt kahl und weiß getüncht, mit einem nackten Steinfußboden, der zu seiner Zeit wahrscheinlich mit einem Binsengeflecht bedeckt war. Im Winter brannte in den meisten Zimmern des Schlosses ein Feuer, die Hauptbibliothek jedoch hat keinen Kamin. An kalten Tagen zog sich Montaigne in das beheizbare angrenzende, gemütlichere Zimmer zurück.

Das Beeindruckendste in diesem runden Turmzimmer aber war wohl Montaignes erlesene Sammlung von Büchern, die in fünf Reihen übereinander in

Montaignes Bibliotheksturm mit Grundriss, Zeichnung von 1823

rundum laufenden Holzregalen standen, für den Schreiner gewiss eine Herausforderung. Von seinem Schreibtisch aus erfasste er mit einem Blick alle seine Bücher. Als er die Bibliothek bezog, besaß er rund tausend Bände: eine stattliche Sammlung, und Montaigne las diese Bücher auch tatsächlich. Heute ist die Sammlung zerstreut, und auch die Regale sind verschwunden.

Hier bewahrte Montaigne auch seine anderen Sammlungen auf: historische Memorabilien, Familienerbstücke, Artefakte aus Südamerika. Über seine Vorfahren schrieb er: «Von den meisten halte ich noch das Schreibzeug in Ehren, das Siegel, die Stundenbücher und ein von ihnen benutztes Schwert ganz eigner Art; und aus meinem Arbeitszimmer habe ich noch nicht die langen Reitgerten weggeräumt, die mein Vater gewöhnlich in der Hand trug.» Die Südamerika-Sammlung bestand aus Reisemitbringseln und enthielt Schmuck, Holzschwerter und Rohrstäbe, die beim Tanzen den Takt vorgaben: Montaignes Bibliothek war nicht nur Aufbewahrungsort für diese Objekte und Studierstube, sie war eine Wunderkammer, vergleichbar Sigmund Freuds letztem Arbeitszimmer in Hampstead, London: eine Schatzkammer voller Bücher, Schriftstücke, Statuetten, Bilder, Vasen, Amulette und ethnographischer Kuriositäten, die Verstand und Phantasie anregten.

Die Bibliothek beweist auch, dass Montaigne durchaus mit der Mode ging. Der Trend, sich ein solches Refugium zu schaffen, hatte sich, ausgehend von Italien ein Jahrhundert zuvor, in ganz Frankreich verbreitet. Wer es sich leisten konnte, füllte Zimmer mit Büchern und Lesepulten und zog sich unter dem Vorwand zu arbeiten dorthin zurück. Montaigne trieb diese Rückzugstendenz auf die Spitze, indem er seine Bibliothek außerhalb des Wohnhauses einrichtete. Es war ein Adlerhorst und eine Höhle oder, wie er selbst sagte, eine *arrière-boutique:* ein Hinterzimmer in einem Geschäft. In dieses Hinterstübchen konnte er Besucher einladen, was er oft tat, ohne dass er dazu verpflichtet gewesen wäre. «Arm dran ist meines Erachtens, wer bei sich zu Hause nichts hat, wo er bei sich zu Hause ist, wo er sich verbergen, wo er mit sich selbst hofhalten kann.»

Seine Bibliothek war für ihn der Inbegriff der Freiheit, und daher überrascht es auch nicht, dass er sein Refugium fern vom Hauptgebäude bezog und wohlüberlegt ausgestaltete. Außer der Inschrift, die seinen Rückzug ins Private dokumentierte, war das kleine Zimmer neben der Bibliothek mit Wandmalereien vom Boden bis zur Decke geschmückt. Sie sind heute verblasst, waren aber wohl Bilder großer Schlachten, eine Darstellung der Venus, den Tod des Adonis betrauernd, eines bärtigen Neptuns, von Schiffen im Sturm sowie bukolische Szenen: gängige Motive der antiken Welt. Die Deckenbalken seiner Bibliothek waren mit Sinnsprüchen antiker Autoren versehen, und auch dies entsprach dem Geschmack seiner Zeit, wenn auch nur dem einer Minderheit. Schon der italienische Humanist Marsilio Ficino hatte die Wände seiner Villa in der Toskana mit klassischen Zitaten geschmückt, und der Baron de Montesquieu tat später dasselbe in seinem Schloss bei Bordeaux als Hommage an Montaigne.

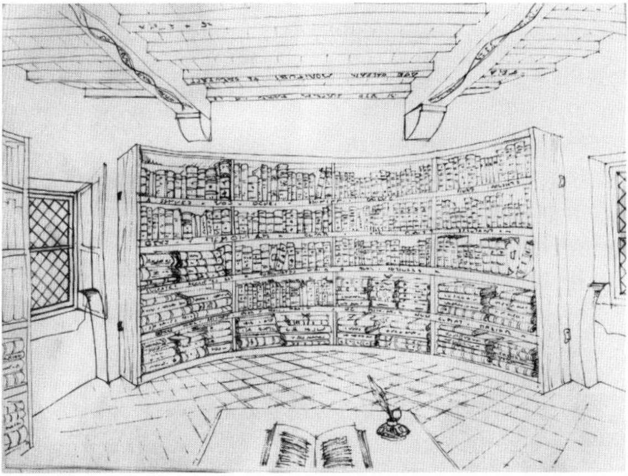

Rekonstruierende Zeichnung der Bibliothek Montaignes

Die verblassenden Inschriften auf den Holzbalken wurden kürzlich restauriert und sind jetzt gut lesbar, so dass einem beim Gang durch das Zimmer Stimmen von oben ins Ohr flüstern:

> *Solum certum nihil esse certi*
> *Et homine nihil miserius aut superbius*
> Einzig dass nichts gewiss ist, ist gewiss,
> und dass es nichts Erbärmlicheres gibt
> als den Menschen, und dabei nichts Hochmütigeres.
> *(Plinius der Ältere)*

> ΚΡΙΝΕΙ ΤΙΣ ΑΥΤΟΝ ΠΩΠΟΤ ΑΝΘΡΩΠΟΝ ΜΕΓΑΝ ΟΝ
> ΕΞΑΛΕΙΦΕΙ ΠΡΟΦΑΣΙΣ Η ΤΥΧΟΥΣ' ΟΛΟΝ
> Wer je an seine Menschengröße glaubt, den stürzt die erste beste Gelegenheit in gänzliches Verderben.
> *(Euripides)*

> ΕΝ ΤΩ ΦΡΟΝΕΙΝ ΓΑΡ ΜΗΔΕΝ ΗΔΙΣΤΟΣ ΒΙΟΣ ΤΟ ΜΗ ΦΡΟΝΕΙΝ ΓΑΡ ΚΑΡΤ' ΑΝΩΔΥΝΟΝ ΚΑΚΟΝ
> Es gibt kein schöneres Leben als das eines unbekümmerten Mannes. Unbekümmertheit ist ein wahrhaft schmerzloses Übel.
> *(Sophokles)*

Die Holzbalken dokumentieren Montaignes Entscheidung für ein Leben ganz im Zeichen der Reflexion und Philosophie statt der Politik. Eine solche Verschiebung entsprach dem Rat der antiken Philosophen. Der große stoische Philosoph Seneca drängte seine römischen Zeitgenossen immer wieder, sich zurückzuziehen, um sich selbst zu finden, wie wir heute vielleicht sagen würden. In der Renaissance wie im alten Rom war dieser Rückzug Teil einer guten Lebensführung. Es gab eine Zeit der politischen Geschäftigkeit, aus der man sich irgendwann zurückzog, um zu entdecken, worauf es im Leben wirklich ankam, und um mit dem langen Prozess der Vorbereitung auf den Tod zu beginnen. Dieser zweiten Forderung gegenüber hatte Montaigne seine Vorbehalte, aber sein Wunsch nach einem kontemplativen Leben steht außer Zweifel: «Lösen wir also alle Bindungen an andre, und gewinnen wir es über uns, wahrhaft allein leben zu können, in voller Geruhsamkeit!»

Seneca hatte bei seiner Empfehlung, sich zurückzuziehen, auch vor Gefahren gewarnt. In seinem Dialog *Die Ruhe der Seele* schrieb er, Untätigkeit und Abkapselung brächten alle Auswirkungen einer falschen Lebensführung zum Vorschein – Auswirkungen, denen sich der Mensch gewöhnlich dadurch entziehe, dass er sich beschäftigt halte, also dieses falsche Leben weiterführe. Zu den Symptomen gehörten Unzufriedenheit, Selbsthass, Angst, Unentschlossenheit, Lethargie und Melancholie. Das Tätigsein aufzugeben bringe geistige Übel hervor, besonders wenn man anfange, zu viele Bücher zu lesen – oder, noch schlimmer, die Bücher nur zur Repräsentation auslege, um damit zu prahlen.

Wenn mir das eine Buch mißfällt,
nehme ich ein andres
zur Hand.

3.

Lebe den Augenblick und schreibe darüber!

Anfang der 1570er Jahre, als Montaigne seine Wertvorstellungen neu ordnete, erlebte er offenbar genau die existentielle Krise, vor der Seneca warnte. Er hatte zwar zu tun, dennoch aber weniger Aufgaben zu erfüllen als vorher. Dieser Müßiggang brachte ihn auf seltsame Gedanken und führte zu «einer melancholischen Gemütsverfassung», die gar nicht seinem Naturell entsprach. Sobald er sich zurückgezogen hatte, sagte er, sei sein Geist losgaloppiert wie ein durchgegangenes Pferd – ein naheliegender Vergleich, wenn man bedenkt, was ihm kurz zuvor zugestoßen war. Sein Kopf sei mit abstrusen Gedanken erfüllt gewesen, die wucherten wie Unkraut auf brachliegenden Äckern. In einem anderen eindringlichen Bild – er steigerte die Wirkung gern, indem er solche Bilder aneinanderreihte – verglich er den müßigen Geist mit dem Schoß einer Frau, der, wenn er nicht mit gutem Samen gleichsam bestellt werde, nur Klumpen unförmigen Fleisches hervorbringe, so jedenfalls die zeitgenössische Vorstellung. Und in einem Vergil entnommenen Bild verglich er seine Gedanken mit den Mustern, die über die Zimmerdecke tanzen, wenn sich das Sonnenlicht auf der Oberfläche einer mit Wasser gefüllten Schüssel bricht. Wie das zitternde Licht den Raum durchflirrt, so werfe sich auch ein untätiger Geist ziellos hin und her und erzeuge im grenzenlosen Feld der Einbildungen *fantaisies* oder *rêveries* – Begriffe, die damals eine weniger positive Konnotation hatten als heute und eher Wahngebilde, Hirngespinste bezeichneten als Tagträume.

Seine *rêverie* brachte Montaigne auf einen weiteren absonderlichen Gedanken: die Idee zu schreiben. Er spricht zwar auch hier von *rêverie*, aber sie enthielt immerhin das Versprechen eines tätigen Geistes. Erfüllt von «Schimären und phantastischen Ungeheuern, immer neuen, ohne Sinn und Verstand», beschloss er, über diese Hirngespinste zu schreiben, nicht um sie loszuwerden, sondern um ihre Eigenart besser zu verstehen. Und so nahm er die Feder zur Hand. Der erste *Essai* war geboren.

Seneca wäre zufrieden gewesen. Wenn man nach seinem Rückzug aus dem öffentlichen Leben niedergeschlagen oder gelangweilt war, so empfahl er, solle man sich umsehen und sich für die Vielfalt und Erhabenheit der Dinge ringsum interessieren. Die Rettung liege in der umfassenden Aufmerksamkeit für die Natur der Erscheinungen. Und Montaigne wandte sich dem ihm am nächsten liegenden Naturphänomen zu: sich selbst. Er begann, sich selbst zu betrachten, seine eigenen Erfahrungen zu hinterfragen und aufzuschreiben, was er dabei beobachtete.

Zunächst folgte er seinen persönlichen Vorlieben, besonders den Geschichten, die er gelesen hatte: Erzählungen von Ovid, historischen Beschreibungen von Caesar und Tacitus, biographischen Abrissen von Plutarch, Ratschlägen zur Lebenskunst von Seneca und Sokrates. Dann schrieb er Geschichten auf, die er von Freunden gehört hatte, alltägliche Vorfälle von seinem Landgut, Begebenheiten, die er noch aus seiner Zeit am Gericht und in der Politik in Erinnerung hatte, sowie Merkwürdigkeiten, deren Zeuge er auf seinen (bis dahin nicht sehr weiten) Reisen geworden war. Das waren seine bescheidenen Anfänge. Später kam immer mehr Stoff hinzu, bis er fast das ganze Spektrum seines Fühlens und Denkens abschritt, nicht zuletzt seine merkwürdige Reise in die todesähnliche Bewusstlosigkeit.

Der Gedanke an eine Veröffentlichung mag ihm schon früh gekommen sein, auch wenn er behauptete, er habe nur für Angehörige und Freunde geschrieben. Vielleicht begann er sogar mit der Absicht, ein Kollektaneenbuch zu schreiben, eine Sammlung thematisch geordneter Zitate und Geschichten, wie es zu jener Zeit populär war. Wenn dies der Fall war, so gab er die Idee bald wieder auf, womöglich unter dem Einfluss jenes Schriftstellers, den er neben Seneca am meisten schätzte: Plutarch. Plutarch hatte im 1. Jahrhundert n. Chr. anschauliche Biographien historischer Gestalten, die *Vitae*, geschrieben sowie die kürzeren Abhandlungen der *Moralia*, die im selben Jahr ins Französische übersetzt wurden, in dem Montaigne mit seinen *Essais* begann. Es waren Gedanken und Geschichten zu Fragen wie: «Können Tiere als vernünftig bezeichnet werden?» oder «Wie gelangt man zu innerem Frieden?» Plutarch hielt hierzu denselben Rat bereit wie Seneca: Konzentriere dich auf das, was vor dir liegt, und schenke ihm deine ganze Aufmerksamkeit.

Im Laufe der 1570er Jahre richtete sich Montaigne immer besser in seinem Leben nach der Krise ein, und seine Aufmerksamkeit zu fokussieren wurde seine liebste Beschäftigung. Das produktivste Jahr war 1572, in dem er die meisten *Essais* des ersten und Teile des zweiten Buches schrieb. Der Rest folgte 1573 und 1574. Bis er so weit war, die *Essais* zu veröffentlichen, dauerte es aber noch lange. Vielleicht spielte er tatsächlich zunächst nicht mit dem Gedanken, vielleicht war er erst nach all den Jahren mit dem Ergebnis seines Schreibens zufrieden. Zwischen seinem Rückzug ins Privatleben im Jahr 1570 und dem 1. März 1580, dem Tag nach seinem siebenundvierzigsten Geburtstag, als er das Vorwort zur ersten Ausgabe der *Essais* abschloss, die ihn über Nacht berühmt machten, liegen jedenfalls zehn Jahre.

Schreibend hatte Montaigne seine «Hirngespinste» und «Wahngebilde» überwunden. Jetzt beobachtete er die Welt genauer und entwickelte die Gewohnheit, innere Empfindungen und soziale Begegnungen sehr präzise zu beschreiben. Hierfür war Plinius sein Gewährsmann: «Jedermann, sagt Plinius, sei sich selbst der beste Lehrmeister, vorausgesetzt, er habe die Fähigkeit, sich genau zu beobachten.» Montaigne, der Mensch, der seinen alltäglichen Verrichtungen auf seinem Gut nachging, wurde stets von dem Schriftsteller Montaigne begleitet, der alles ausforschte und notierte.

Als er daher schließlich über seinen Reitunfall schrieb, ging es ihm nicht nur darum, die noch verbliebene Todesfurcht loszuwerden wie Sand, den man aus seinen Schuhen schüttelt, sondern auch darum, seine Selbsterforschung auf ein ihm bis dahin unbekanntes Niveau zu heben. So, wie er sich in den Tagen nach seinem Unfall immer wieder von seinen Bediensteten den Hergang erzählen ließ, so muss er jetzt seinen Geist erforscht haben, um jenes Hinübergleiten von damals nachzuerleben, als sein Atem oder sein Geist im Begriff war, seinen Körper zu verlassen, aber auch den Schmerz der Rückkehr ins Leben. Diese Erfahrung «verarbeitete» er, wie Psychologen heute sagen würden, indem er darüber schrieb. Er rekonstruierte die Geschichte, wie er sie tatsächlich erlebt hatte, nicht, wie man sie philosophisch korrekt erleben sollte.

Dieses neue Hobby war kein Zeitvertreib. Montaigne behauptete immer wieder, er habe die *Essais* unbekümmert hingeworfen, aber manchmal legte er diese Pose ab und gestand, dass es harte Arbeit war:

> Es ist ein schwieriges Unterfangen – und dies weit mehr, als es scheint –, der so schweifenden Bewegung unsres Geistes bis in seine tiefsten und dunkelsten Winkel zu folgen und noch seine winzigsten Windungen und Wendungen auszumachen und aufzuzeichnen; und es ist zugleich eine völlig ungewöhnliche Beschäftigung, die uns von den gewöhnlichen Weltgeschäften abzieht.

Montaigne feierte die Schönheit des Dahingleitens über die Oberfläche des Lebens: eine Kunst, die er mit zunehmendem Alter immer mehr vervollkommnete. Gleichzeitig jedoch bemühte er sich als Schriftsteller darum, die Tiefen zu ergründen: «Wann immer ich mich glücklich fühle, sinne ich hierüber nach; ich schöpfe nicht nur den Schaum dieser Empfindung ab, sondern lote sie aus.» Er war so fest entschlossen, einem Phänomen auf den Grund zu gehen, das per definitionem als unauslotbar galt – dem Schlaf –, dass er sich von einem leidgeprüften Diener mitten in der Nacht wecken ließ in der Hoffnung, einen Blick in sein zurückweichendes Unbewusstes werfen zu können.

Montaigne wollte wegdämmern, gleichzeitig aber die Wirklichkeit festhalten und beobachten. Beim Schreiben war beides zugleich möglich. Selbst wenn er sich in seinen *rêveries* verlor, traf er insgeheim Vorkehrungen, um sie jederzeit zurückrufen zu können. Sterben lernen hieß loslassen, leben lernen hieß festhalten.

Indem er über diese Erfahrungen schrieb, als wäre sein Leben selbst ein Fluss, begründete er eine literarische Tradition der Selbstbeobachtung, die uns heute so vertraut ist, dass wir uns erst einmal klarmachen müssen, dass es tatsächlich eine Tradition ist. Das Leben tritt uns entgegen, wie es ist, und das Wechselspiel innerer Zustände zu beobachten ist die Aufgabe des Schriftstellers. Vor Montaigne war dies keineswegs ein selbstverständlicher Gedanke, und sein eigentümlich ruheloses, frei dahinmäanderndes Schreiben war etwas vollkommen Neues. Indem Montaigne es erfunden und damit einen zweiten Versuch einer Antwort auf die Frage unternommen hat, wie man leben soll – «Lebe den Augenblick!» –, überwand er seine Krise und münzte sie sogar in etwas Positives um.

«Habe keine Angst vor dem Tod!» und «Lebe den Augenblick!» waren Montaignes Antworten auf seine Orientierungslosigkeit in der Mitte seines Lebens. Sie entsprangen der Erfahrung eines Menschen, der lange genug gelebt hatte, um Fehler und Irrtümer zu begehen. Sie markierten aber auch einen Neuanfang: die Geburt eines neuen, *Essais* schreibenden Ichs.

Ich habe keinen andern Hauptfeldwebel, meine Stücke in Reih und Glied zu stellen, als den Zufall. Wie die Phantasiegebilde sich bei mir einfinden, staple ich sie auf; manchmal drängen sie sich zuhauf, manchmal kommen sie in dünner Reihe angetrödelt.

4.

Ein drittes Buch und sechshundert Hinzufügungen

Manche Schriftsteller *schreiben* ihre Bücher schlicht und einfach. Andere modellieren sie wie Ton oder konstruieren sie, indem sie immer mehr Material anlagern. Zu Letzteren gehörte auch James Joyce. Sein *Finnegans Wake* wuchs in immer neuen Entwürfen und Druckausgaben, bis aus den leidlich vertraut klingenden Sätzen der ersten Ausgabe, zum Beispiel

> Who was the first that ever burst?

eigentümliche Mutationen geworden waren:

> Waiwhou was the first thurever burst?

Montaigne verwischte nicht die Bedeutung seiner Worte wie Joyce, sondern überarbeitete, ergänzte und fügte hinzu. Allerdings hielt er es nicht für notwendig, etwas zu streichen. Reue beim Schreiben war ihm fremd – genau wie im Leben, wo er sich dem *amor fati* überließ, der heiteren Ergebenheit in alles, was geschieht.

Damit stand er im Widerspruch zur Lehre des Christentums, der zufolge man seine Fehler bereuen müsse, um ganz von vorne beginnen zu können. Einiges, was Montaigne in der Vergangenheit getan hatte, war ihm zwar nicht mehr nachvollziehbar. Doch gab er sich mit der Erklärung zufrieden, er wäre unter anderen Umständen ein anderer Mensch gewesen. Seine früheren Identitäten waren ihm so vielgestaltig wie die Gäste einer Party. Sowenig es ihm eingefallen wäre, Urteile über sie zu fällen – jeder hatte schließlich seine eigenen Gründe und Standpunkte –, so wenig dachte er daran, über sich selbst zu Gericht zu sitzen. «Wir bestehen alle nur aus buntscheckigen Fetzen», schrieb er, «die so locker und lose aneinanderhängen, dass jeder von ihnen jeden Augenblick flattert, wie er will.» Für ihn gab es keinen maßgeblichen Standpunkt, von dem aus er zurückblicken und einen in sich konsistenten Montaigne konstruieren konnte, der er gern gewesen wäre. Da er nicht versuchte, seine früheren Identitäten aus seinem Leben wegzuretuschieren, sah er auch keinen Grund, dies in seinem Buch zu tun. Die *Essais* entwickelten sich im Verlauf von zwanzig Jahren immer weiter, genau wie er; sie waren das, was sie geworden waren, und dabei beließ er es.

Er neigte, wie gesagt, nicht zu Reue und Zerknirschung, was ihn jedoch nicht davon abhielt, sein Buch immer wieder zu lesen und häufig etwas hinzuzufügen. Er erreichte nie den Punkt, an dem er die Feder niederlegen und sagen konnte: «So, jetzt habe ich alles zu Papier gebracht, was ich über mich sagen wollte.» Er musste weiterschreiben, solange er lebte:

> Wer sähe nicht, dass ich einen Weg eingeschlagen habe, auf dem ich so mühelos wie unermüdlich fortschreiten werde, bis der Welt Tinte und Papier ausgeht?

Das Einzige, was ihn aufhalten konnte, war der Tod. Wie Virginia Woolf feststellte, gelangen die *Essais* nicht an ihr Ende, sondern «erreichen ihren Abbruch in vollem Galopp».

Zu dieser unermüdlichen Anstrengung wurde Montaigne nicht zuletzt von seinen Verlegern ermuntert. Die ersten Ausgaben hatten sich gut verkauft, und es bestand eine große Nachfrage nach neuen, umfangreicheren und besseren Ausgaben. 1588, nach seiner *grand tour* und seiner Amtszeit als Bürgermeister von Bordeaux, hatte er den *Essais* vieles hinzuzufügen. Noch umfangreichere Ergänzungen machte er in den nachfolgenden Jahren, nach den erschreckenden Erlebnissen am Hof des geflüchteten Königs. Dabei ging es ihm weniger um die aktuelle politische Lage Frankreichs, sondern um Mäßigung, gesunden Menschenverstand, menschliche Unvollkommenheit und viele andere seiner Lieblingsthemen.

Die Ausgabe von 1588 erschien bei dem renommierten Pariser Verleger Abel L'Angelier, das Titelblatt enthielt den Zusatz: «Erweitert um ein drittes Buch und um sechshundert Hinzufügungen zu den ersten beiden Büchern». Das ist zwar korrekt, spielt aber den wahren Umfang der Ergänzungen herunter: Die *Essais* von 1588 waren fast doppelt so umfangreich wie die von 1580. Das dritte Buch bestand aus dreizehn langen Kapiteln, und von den *Essais* der ersten beiden Bücher blieb kaum einer unangetastet.

Der Montaigne, der 1588 an die Öffentlichkeit trat, während der reale Montaigne im Gefolge Heinrichs III. unterwegs war und einen Genesungsurlaub bei seiner Freundin Marie de Gournay in der Picardie ins Auge fasste, demonstrierte ein erstaunliches neues Selbstbewusstsein. Da er nicht zu Zerknirschung neigte, fiel es ihm auch nicht ein, den digressiven, sehr persönlichen Charakter seiner *Essais* zu revidieren. Gleichzeitig zögerte er nicht, Ansprüche an diejenigen zu stellen, die sich auf deren Lektüre einließen, und behauptete angesichts seiner Tendenz, vom Hundertsten ins Tausendste zu kommen: «Es ist der unaufmerksame Leser, der meinen Gegenstand aus den Augen verliert, nicht ich.» Die Versicherung, er schreibe nur für Angehörige und Freunde, ließ er jetzt fallen. Er wusste, was er geschaffen hatte, und wies jedes Ansinnen zurück, es zu verwässern, zu verbrämen oder der Konvention anzupassen.

Manchmal plagten ihn dennoch Selbstzweifel, und er konnte sein Werk nicht ohne Verwirrung zur Hand nehmen: «Ich jedenfalls kann den Wert des meinen nicht klarer beurteilen als den eines andern, und ich weise den *Essais* bald einen hohen, bald einen niedrigen Rang zu, ständig wechselnd und ständig im Zweifel.» Dann musste er erneut zur Feder greifen, um seine Gedanken zu Papier zu bringen.

Erwartungsgemäß fanden auch die *Essais* von 1588 reißenden Absatz, auch wenn einige Leser, die die Ausgabe von 1580 als ein Kompendium stoischer Weisheit verschlungen hatten, jetzt wie vor den Kopf gestoßen waren. Kritische Stimmen wurden laut. Schweifte Montaigne nicht allzu sehr ab, wurde er nicht zu persönlich? War er nicht zu geschwätzig? Gab es überhaupt einen Zusammenhang zwischen den Überschriften und dem in den Kapiteln behandelten Stoff? Waren die Enthüllungen über sein Sexualleben wirklich notwendig? Und hatte sein Freund Pasquier damals in Blois nicht vielleicht doch recht gehabt mit seinem Tadel, Montaigne habe seine Sprache nicht mehr im Griff? Seine Wortwahl war eigenwillig, und er benutzte Neologismen und umgangssprachliche Wendungen der Gascogne.

Welche Unsicherheiten Montaigne auch in sich spürte, sie belasteten ihn wohl nicht sonderlich. Wenn die Kritik ihn überhaupt zu Änderungen bewog, dann zu noch mehr Abschweifungen, noch persönlicheren Bemerkungen und einem noch wilderen und überbordenderen Stil. In den vier Jahren, die ihm nach der Veröffentlichung der *Essais* von 1588 noch blieben, trieb er es damit immer weiter.

Hatte er in dieser Ausgabe die Zügel schießen lassen, verfiel er jetzt in einen rasenden Galopp. Er schrieb zwar keine neuen Kapitel mehr, fügte aber rund tausend neue Abschnitte ein, einige so lang wie seine ersten *Essais*. Das Werk, inzwischen bereits doppelt so dick wie zu Beginn, wurde jetzt um ein weiteres Drittel vermehrt. Trotzdem hatte Montaigne das Gefühl, vieles nur andeuten zu können, weil er entweder keine Zeit oder keine Lust hatte, es auszuarbeiten: «Um noch mehr hiervon unterbringen zu können, staple ich oft

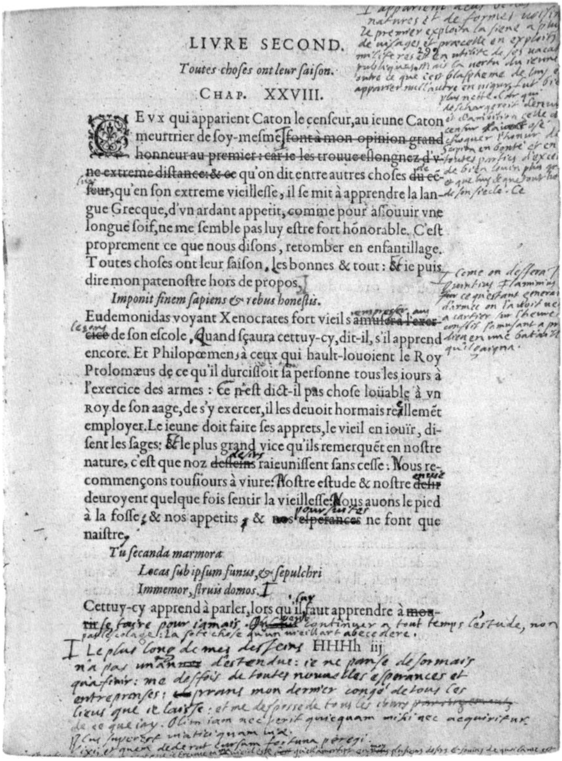

LIVRE SECOND.

Toutes choses ont leur saison.

CHAP. XXVIII.

CEVX qui apparient Caton le censeur, au ieune Caton meurtrier de soy-mesme, font à mon opinion grand honneur au premier : car ie les trouue eslongnez d'vne extreme distance : & ce qu'on dit entre autres choses du censeur, qu'en son extreme vieillesse, il se mit à apprendre la langue Grecque, d'vn ardant appetit, comme pour assouuir vne longue soif, ne me semble pas luy estre fort hónorable. C'est proprement ce que nous disons, retomber en enfantillage. Toutes choses ont leur saison, les bonnes & tout : & ie puis dire mon patenostre hors de propos.

Imponit finem sapiens & rebus honestis.

Eudemonidas voyant Xenocrates fort vieil s'amuser à l'exercice de son escole, Quand sçaura cettuy-cy, dit-il, s'il apprend encore. Et Philopœmen, à ceux qui hault-louoient le Roy Ptolomæus de ce qu'il durcissoit sa personne tous les iours à l'exercice des armes : Ce n'est dict-il pas chose loüable à vn Roy de son aage, de s'y exercer, il les deuoit hormais reallemét employer. Le ieune doit faire ses apprets, le vieil en iouïr, disent les sages : & le plus grand vice qu'ils remerquét en nostre nature, c'est que noz desseins raieunissent sans cesse : Nous recommençons tousiours à viure. Nostre estude & nostre desir deuroyent quelque fois sentir la vieillesse. Nous auons le pied à la fosse, & nos appetits, & nos esperances ne font que naistre.

Tu secanda marmora
Locas sub ipsum funus, & sepulchri
Immemor, struis domos.

Cettuy-cy apprend à parler, lors qu'il faut apprendre à mourir.

HHHh iij

Annotationen Montaignes in einem Exemplar seiner 1588 in Bordeaux gedruckten Ausgabe der «Essais», hier zu dem Text «Alles zu seiner Zeit» nur die Stichworte aufeinander. Wollte ich sie alle ausarbeiten, müsste ich diesen Band um ein Mehrfaches erweitern.» Hier trifft seine Bemerkung über Plutarch zu, der uns «nur einen Fingerzeig [gibt], welchen Weg wir, wenn wir wollen, einschlagen können». Freiheit ist die einzige Regel und Abschweifung der einzige Weg.

Auf die Titelseite eines Arbeitsexemplars setzte Montaigne die Worte Vergils: «viresque aquirit eundo», «Im Fortschreiten wächst seine Kraft». Das bezog sich womöglich auf den Verkaufserfolg der *Essais*, beschrieb aber auch die Art und Weise, wie sein Werk immer weiteren Stoff aufnahm – gleich dem Schneeball, der einen verschneiten Hügel hinunterrollt. Montaigne scheint selbst befürchtet zu haben, die Kontrolle darüber zu verlieren. Als er seinem Freund Antoine Loisel ein Exemplar der Ausgabe von 1588 schenkte, bat er ihn in seiner Widmung, ihm zu sagen, was er davon hielt, «denn ich befürchte, fortschreitend schlechter zu werden».

Es stimmt, die *Essais* erreichten allmählich die Grenzen des Fasslichen. Durch all die Wucherungen hindurch lässt sich manchmal dennoch das Skelett der Erstausgabe erkennen; in modernen Editionen sind die verschiedenen Entstehungsphasen durch Buchstaben gekennzeichnet: A für die Ausgabe von 1580, B für die von 1588 und C für alles andere danach. Man hat den Eindruck, als stünde man vor der von Schlingpflanzen überwucherten Tempelanlage von Angkor Wat, und fragt sich, wie wohl eine weitere Schicht D ausgesehen hätte. Hätte Montaigne noch dreißig Jahre gelebt, er wäre immer weiter so verfahren, bis das Buch tatsächlich unlesbar geworden wäre. Er war wie der Maler Frenhofer in Balzacs Erzählung *Das unbekannte Meisterwerk*, der sein Frauenporträt immer wieder umarbeitet, bis es nur noch ein undurchdringliches Gewirr aus Farben und Linien ist. Oder hätte Montaigne genau gewusst, wann es aufzuhören galt?

Wir können diese Frage nicht beantworten, aber es scheint, als hätte er zum Zeitpunkt seines Todes nicht den Eindruck gehabt, er hätte diese Grenze erreicht. Aus seinen letzten Lebensjahren ist ein Exemplar der *Essais* mit zahlreichen Anmerkungen überliefert, das – nachdem es in die Hand der Herausgeberin seines Nachlasses geraten war – zur Grundlage fast aller weiteren Montaigne-Ausgaben wurde. Diese Herausgeberin war eine außergewöhnliche junge Frau, die in Paris in sein Leben trat, als er gerade die Ausgabe von 1588 abgeschlossen hatte: Marie de Gournay.

Ciceros Vortragsweise taugt für die Schule, den Gerichtssaal und die Kirche, wo wir in aller Gemütsruhe ein Nickerchen machen können und eine Viertelstunde danach immer noch rechtzeitig genug wach werden, um den Faden wiederaufzunehmen.

5.

Montaignes Lieblingsautoren
oder
Warum man langweilige Bücher weglegen soll

Die intensiven Grammatikstudien, für die Cicero und Horaz herhalten mussten, hätten Montaignes Interesse an der Literatur fast im Keim erstickt. Doch es gab an seiner Schule auch Lehrer, die dem Kind die unterhaltsameren Bücher nicht aus der Hand rissen, wenn sie es bei deren Lektüre ertappten, sondern ihm noch weitere zusteckten – so diskret, dass es sie verschlingen konnte und sich trotzdem weiter als Rebell fühlte.

Eines dieser als unpassend erachteten Bücher, die Montaigne im Alter von sieben, acht Jahren für sich entdeckte und die sein Leben veränderten, waren Ovids *Metamorphosen.* Die Geschichten über die wundersamen Verwandlungen der antiken Götter und Sterblichen hielten für die Leser im Zeitalter der Renaissance etwas bereit, das späteren Jahrhunderten dann die erschreckenden und erheiternden Märchen der Gebrüder Grimm oder Hans Christian Andersens bieten sollten. Jedenfalls waren sie ganz anders als das, was im Unterricht behandelt wurde. Ein phantasiebegabter Junge des

16. Jahrhunderts konnte die *Metamorphosen* mit großen, staunenden Augen lesen und sich von ihnen in ihren Bann schlagen lassen.

Bei Ovid verwandeln sich die Menschen in Bäume, Tiere, Gestirne, Gewässer oder auch in körperlose Stimmen. Sie ändern ihr Geschlecht oder werden zu Werwölfen. Eine Frau namens Scylla taucht in einen giftigen Teich ein und beobachtet, wie sich ihre Gliedmaßen in hundeähnliche Ungeheuer verwandeln, denen sie sich nicht entziehen kann, weil diese Ungeheuer mit ihr identisch sind. Der Jäger Aktaion verwandelt sich in einen Hirsch und wird von seinen eigenen Hunden gejagt. Ikarus fliegt so hoch, dass er von der Sonne verbrannt wird. Ein König und eine Königin verwandeln sich in Berge. Die Nymphe Samacis stürzt sich in den Teich, in dem der schöne Hermaphroditus badet, und umschlingt ihn wie ein Tintenfisch seine Beute, bis ihr Körper mit seinem verschmilzt und sie eins werden, halb Mann, halb Frau. Nachdem Montaigne einmal Geschmack an dieser Art Geschichten gefunden hatte, verschlang er weitere Bücher ähnlichen Inhalts: Vergils *Aeneis*, Terenz, Plautus und neuere italienische Komödien. Für ihn wurde das Lesen jetzt zu einem aufregenden Abenteuer – und zum einzig Positiven, das ihm die Schule zu bieten hatte. «Es blieb halt eine Lehranstalt», meinte Montaigne.

Viele seiner frühen Entdeckungen begleiteten ihn durch sein ganzes Leben. Die Begeisterung für Ovids *Metamorphosen* ließ zwar später nach, trotzdem sind die *Essais* voll mit Geschichten daraus, und Montaigne imitierte Ovids Stil, unvermittelt und scheinbar willkürlich von einem Thema zum anderen zu springen. Auch Vergil zählte zu seinen Lieblingsschriftstellern, obwohl der reife Montaigne dreist genug war zu behaupten, über einige Passagen der *Aeneis* hätte der Autor «noch einmal mit dem Kamm» gehen können.

Doch noch mehr als dafür, was sich Menschen vorstellten, interessierte sich Montaigne für die Handlungen realer Menschen. Und deshalb verlagerte sich sein Interesse bald von den Dichtern zu den Geschichtsschreibern und Biographen. In Geschichten aus dem wirklichen Leben trete der Mensch «mit all der Vielfalt seiner wahren Wesenszüge im Großen und im Kleinen» in Erscheinung, mit «all seinen mannigfachen Umgangsformen und all den Misslichkeiten, die ihn bedrohn», schrieb er. Unter den Geschichtsschreibern schätzte er besonders Tacitus, dessen *Historien* er in einem Zug las. Er kenne keinen Autor, bekannte er, der «einer öffentlichen Chronik so viele Betrachtungen über individuelle Verhaltensweisen und Neigungen beimischte» wie Tacitus, der, so Montaigne, in einer ebenso merkwürdigen und extremen Epoche gelebt habe wie er selbst. «Oft meint man geradezu, wir seien es, die er beschreibt und brandmarkt.»

Unter den Biographen schätzte Montaigne besonders jene, die über die Beschreibung äußerer Ereignisse hinausgingen und versuchten, die innere Welt eines Menschen zu rekonstruieren. In Montaignes Augen konnte das keiner besser als Plutarch, der um 46 bis 120 n. Chr. lebte und in seinen *Vitae* das Leben großer

Schreibtisch als Teil der heutigen Ausstellung in Montaignes Bibliotheksturm

Griechen und Römer nachzeichnete. Für Montaigne war Plutarch das, was er selbst für viele Leser wurde: ein Vorbild, dem man nacheifern konnte, und eine Fundgrube an Gedanken, Zitaten und Geschichten. «Er ist in allem derart bewandert, dass er sich bei jeder Gelegenheit, man mag eine noch so ausgefallne Sache aufgreifen, sogleich erbietet, aus seinem unerschöpflichen Vorrat mit freigebiger Hand Verschönerungen und Reichtümer beizusteuern.» Tatsächlich flossen in die *Essais* nahezu unverändert ganze Abschnitte aus Texten Plutarchs ein. Niemand wäre damals auf die Idee gekommen, hier von einem Plagiat zu sprechen. Ausführliche Zitate großer Autoren waren gängige Praxis. Außerdem stellte Montaigne seine Funde in einen neuen Zusammenhang und verwischte die Konturen.

Ihm gefiel die Art und Weise, wie Plutarch Bilder, Gespräche, Menschen, Tiere und Gegenstände aller Art zu einem großen Ganzen zusammenfügte, statt abstrakte Argumente aneinanderzureihen. Er schreibe, meint Montaigne, handfest und konkret: «Plutarch ist voller Sachlichkeit.» Wenn Plutarch sagen möchte, es komme im Leben darauf an, aus jeder Situation das Beste zu machen, erzählt er von einem Jungen, der nach einem Hund werfen will und stattdessen seine Stiefmutter trifft. «So war es ja auch nicht übel!», sagt er. Wenn er uns darauf hinweisen will, dass wir die guten Dinge des Lebens leicht vergessen und auf die schlechten fixiert bleiben, schreibt er: «Wie die Fliegen über die glatten Stellen eines Spiegels dahingleiten, bei Unebenheiten und Rauheiten aber sich aufhalten, so gleiten auch die Menschen über heitere, fröhliche Tage dahin und verweilen nur in der Erinnerung an die Unannehmlichkeiten.» Plutarchs Geschichten sind nicht wohlgerundet, vielmehr sät er eine Saat, aus der ganz neue Welten hervorgehen und erkundet werden können. Er zeigt Wege auf, die wir beschreiten können, und es liegt an uns, ob wir ihnen folgen wollen.

Montaignes Wertschätzung galt auch der Tatsache, dass Plutarchs Persönlichkeit in seinem Werk deutlich zum Ausdruck kommt: «Ich glaube, ihn so bis ins Innerste kennengelernt zu haben.» Das war es, wonach Montaigne in einem Buch suchte – und es ist dasselbe, was die Leser später bei ihm suchten: das Gefühl, über die Kluft der Jahrhunderte hinweg einem realen Menschen zu begegnen. Wenn Montaigne Plutarch las, verschwand der zeitliche Abstand, der ihn von dem griechischen Biographen trennte (und der viel größer war als der zwischen Montaigne und uns heutigen Lesern). Es sei unerheblich, schrieb er, ob jemand, den man liebt, seit 1500 Jahren oder – wie damals sein Vater – seit achtzehn Jahren tot war. Beide seien gleich weit entfernt, beide gleich nah.

Montaignes Vergleich seiner Lieblingsautoren mit seinem Vater ist aufschlussreich für seine Art des Lesens. Er nahm Bücher zur Hand, als wären es Menschen, die er im Kreis seiner Familie willkommen hieß. Der widerspenstige, Ovid lesende Junge sollte später eine rund tausend Bände umfassende Bibliothek besitzen: eine stattliche Zahl, aber keineswegs ein bunt zusammengewürfelter Haufen. Einige Bücher waren das

Vermächtnis seines Freundes La Boétie, andere kaufte er selbst. Er hatte keinen Sinn für die Schönheit des Einbands oder den Seltenheitswert eines Buchs. Montaigne wiederholte nicht den Fehler seines Vaters, Bücher oder deren Autoren zum Fetisch zu machen. Unvorstellbar, dass er Bücher küsste, als wären es Heiligenreliquien, wie es von Erasmus oder Petrarca überliefert ist. Oder dass er, bevor er mit der Lektüre begann, seine besten Kleider anzog, wie Machiavelli, der bekannte: «Ich ziehe mein schmutziges, verschwitztes Alltagsgewand aus und lege das Gewand des Hofes und des Palastes an, und in dieser festlicheren Kleidung betrete ich den Hof der antiken Autoren und werde von ihnen willkommen geheißen.» Montaigne hätte dieses Verhalten lächerlich gefunden. Er verkehrte mit den antiken Autoren in einem kameradschaftlichen Ton, manchmal machte er sich sogar über sie lustig, etwa wenn er Cicero als selbstgefällig bezeichnete oder meinte, Vergil hätte sich mehr anstrengen können.

Anstrengung aber ist etwas, wozu er selbst sich nie bequemte, weder beim Lesen noch beim Schreiben. «Da oben blättere ich einmal in diesem, einmal in jenem Buch», schrieb er, «ohne Ordnung, ohne Plan: wie es sich eben ergibt.» Wenn er das Gefühl hatte, als gewissenhafter Gelehrter betrachtet zu werden, konnte er richtig ärgerlich werden. Ertappte er sich dabei, dass er soeben gesagt hatte, Bücher würden Trost spenden, beeilte er sich hinzuzufügen: «Ich bediene mich ihrer nämlich kaum häufiger als jene, die überhaupt keinen Umgang damit haben.» Und einer seiner Sätze beginnt so: «Wir, die wir kaum gelehrten Umgang mit Büchern haben ...» Seine Grundregel bei der Lektüre hatte er bei Ovid gelernt: Suche dein Vergnügen. «Stoße ich beim Lesen auf Schwierigkeiten», schreibt er, «zernage ich mir denn auch nicht die Nägel hierüber, sondern lasse die Sache, nachdem ich sie zwei-, dreimal vergeblich angegangen bin, auf sich beruhn.»

In Wirklichkeit konnte er durchaus hart arbeiten, allerdings nur, wenn sich die Mühe für ihn lohnte. Anmerkungen von Montaignes Hand finden sich in einigen Büchern seiner Sammlung, besonders in seiner Ausgabe von Lukrez' *Über die Natur der Dinge* – ein Text, der seine Aufmerksamkeit gewiss verdient hatte. Eigenwillig und intellektuell abenteuerlich, war es genau die Art Werk, das für Montaigne die Anstrengung wert war.

Er bezeichnete sich selbst gern als Faulenzer, der ein paar Seiten liest, bevor er gähnend das Buch beiseitelegt. Das passt zu dem Eindruck des Dilettantischen, den er in seinem eigenen Schreiben vermitteln wollte. Wie die Lukrez-Ausgabe zeigt, war die Wahrheit komplizierter. Aber zweifellos legte er beiseite, was ihn langweilte. In diesem Geist war er schließlich erzogen worden. Sein Vater hatte ihm gesagt, alles solle «in aller Milde und Freiheit [...], ohne Härte und Zwang» angegangen werden. Diesen Rat machte Montaigne zum Grundprinzip seines Lebens.

Als ich jung war, studierte ich,
um damit großzutun, später ein
wenig, um weiser zu werden,
und jetzt, um mich zu vergnügen.

6.

Gesetzbücher, Kommentare, Glossen: Als Richter in Bordeaux

Nach dem Ende seiner Schulzeit am Collège verschwand Montaigne für ein paar Jahre aus dem Fokus der Biographen, bevor er als junger Parlamentsrat erneut in Erscheinung trat. Um dieses Amt antreten zu können, muss er Rechtswissenschaften studiert haben – wohl nicht in Bordeaux, sondern in Paris oder Toulouse, wahrscheinlich in beiden Städten. Bemerkungen in den *Essais* zeigen, dass er Toulouse gut kannte und auch über Paris einiges zu sagen wusste. Er habe die Stadt von Jugend an ins Herz geschlossen, schrieb er; das kann jedes Alter bis zu seinem fünfundzwanzigsten Lebensjahr bedeuten. «Ich liebe sie zärtlich», bekennt er, «bis in ihre Warzen und Muttermale.» Paris war die einzige Stadt, in der es ihm nichts ausmachte, sich als Franzose zu fühlen statt als stolzer Gascogner. Eine Stadt, groß in jeder Hinsicht: «groß durch die Zahl ihrer Einwohner, groß durch ihre glückliche Lage, unvergleichlich groß aber durch die Fülle und Vielfalt ihrer Annehmlichkeiten».

Wo auch immer er sein Studium absolvierte, es bereitete ihn auf eine juristische und politische Karriere vor, die vielleicht von Anfang an für ihn ins Auge gefasst worden war und die er dreizehn Jahre lang verfolgte. In den Biographien wird diese Lebensphase in der Regel nur kurz abgehandelt, da sie lückenhaft dokumentiert ist, doch die Jahre zwischen seinem vierundzwanzigsten und seinem siebenunddreißigsten Geburtstag waren entscheidend. Als er sich schließlich aufs Land zurückzog, Wein anbaute und in seinem Turm schrieb, verfügte er über einen reichen Schatz an Erfahrungen im Staatsdienst, das ist in seinen ersten *Essais* deutlich zu spüren. Als er die späteren Kapitel verfasste, lagen noch viel größere politische Verantwortlichkeiten hinter ihm.

Seine erste Stelle trat Montaigne jedoch nicht in Bordeaux, sondern in der nahe gelegenen Stadt Périgueux nordöstlich seines Familienstammsitzes an. Das dortige Steuergericht war erst im Jahr 1554 gegründet worden, hauptsächlich zur Aufbesserung der staatlichen Finanzen, denn öffentliche Ämter waren käuflich. Das Gericht wurde aber bereits 1557 wieder aufgelöst, weil das mächtigere Parlament von Bordeaux gegen dieses Steuergericht und vor allem gegen die höheren Gehälter der dortigen Beamten opponierte.

Montaigne ging Ende 1556 nach Périgueux. Das Gericht bestand gerade so lange, um ihm den beruflichen Einstieg zu ermöglichen. Ja, es ebnete ihm sogar den Weg in die Politik von Bordeaux, weil nach seiner Auflösung sämtliche Beamte aus Périgueux dorthin versetzt wurden, auch Montaigne. Sie wurden in Bordeaux nicht gerade begeistert empfangen, aber die dortigen Gerichtsräte hatten keine Wahl. Dafür machten sie ihren Kollegen aus Périgueux das Leben schwer, indem sie ihnen beengte Räumlichkeiten zuwiesen und ihnen keine Gerichtsdiener zur Verfügung stellten. Der Groll ist verständlich, denn ihre Kollegen aus Périgueux bezogen weiterhin höhere Gehälter, die allerdings im August 1561 angeglichen wurden, womit wiederum die aus Périgueux stammenden Beamten unzufrieden waren. Mit achtundzwanzig Jahren war Montaigne zwar immer noch recht jung, dennoch ernannten ihn seine Kollegen zum Vertreter ihrer Beschwerde. Seine aktenkundige Rede dokumentiert seine Präsenz in Bordeaux. Zweifellos setzte er seine rhetorischen Tricks und Kniffe ein – Spontaneität und unverbrauchten Charme –, allerdings ohne Erfolg. Das Parlament entschied gegen die Kläger, und die Gehälter wurden nach unten angepasst.

Trotz der unharmonischen Atmosphäre muss die Tätigkeit im Parlament von Bordeaux interessanter gewesen sein als in Périgueux. Es war eines der acht wichtigsten Stadtparlamente Frankreichs, und obwohl Bordeaux seine Privilegien nur teilweise zurückerhalten hatte, zählte sein Parlament zu den mächtigsten des Landes. Ihm oblag weitgehend die lokale Rechtsprechung und die Zivilverwaltung, es konnte königliche Edikte ablehnen oder formal Beschwerde einlegen, wenn der König ein unliebsames Gesetz erließ, was in diesen unruhigen Zeiten oft geschah.

Anfangs hatte Montaigne mehr mit Aufgaben der Rechtsprechung als mit Politik zu tun. Er war haupt-

Michel de Montaigne,
zeitgenössischer Kupferstich
von Thomas de Leu

sächlich für die Chambre des Enquêtes, die Berufungskammer, tätig und führte den Vorsitz bei Zivilprozessen, die zu kompliziert waren, um von den Richtern der Grande Chambre behandelt zu werden. Er führte die Untersuchungen, fasste sie zusammen und übergab seine schriftliche Beurteilung des Falls den Richtern. Er selbst fällte keine Urteile, sondern lieferte lediglich eine Dokumentation des Rechtsstreits und legte die Standpunkte der verschiedenen Parteien dar. Vielleicht entwickelte er hier seine Überzeugung von der Vielfalt der Perspektiven in jeder Situation, ein Gedanke, der sich wie ein roter Faden durch die *Essais* zieht.

Unter diesem Aspekt betrachtet, erscheint die Rechtsprechung des 16. Jahrhunderts als eine sehr anspruchsvolle Angelegenheit, doch in Wirklichkeit wurde sie durch formalistische Spitzfindigkeiten behindert. Sämtliche juristischen Argumente mussten durch Autoritäten belegt und in vorgefertigte Kategorien eingepasst werden. Die konkreten Umstände des Einzelfalls spielten gegenüber den Gesetzbüchern, Statuten, Rechtstraditionen, juristischen Abhandlungen und vor allem den in zahllosen Bänden niedergelegten Kommentaren und Glossen oft eine sekundäre Rolle. Selbst in den einfachsten Fällen mussten scheinbar endlos lang Dokumente studiert werden, eine Aufgabe, die in der Regel jüngeren Juristen wie Montaigne übertragen wurde.

Am meisten hasste Montaigne die juristischen Kommentare und die Sekundärliteratur allgemein.

> Es macht einem mehr zu schaffen, die Interpretationen zu interpretieren, als die Sachen, und es gibt mehr Bücher über Bücher als über irgendeinen Gegenstand sonst. Wir tun nichts anderes, als uns gegenseitig zu glossieren.

Rabelais hatte sich über den Wust von Dokumenten lustig gemacht, die sich um jeden Fall auftürmten. Sein Richter Reitgans in *Gargantua und Pantagruel* studierte stundenlang Akten und wog bedächtig ab, bevor er schließlich durch Würfeln eine Entscheidung traf – eine Methode, die auch nicht schlechter war als andere. Viele Autoren kritisierten zudem die unter Juristen weit verbreitete Bestechlichkeit. Die Justiz galt generell als so ungerecht, dass Montaigne klagte, das einfache Volk ginge ihr aus dem Weg, statt sein Recht zu suchen. Er erzählte die Geschichte einiger Bauern, die einen Mann blutüberströmt in einem Waldstück fanden. Der Mann flehte sie an, ihm Wasser zu geben und ihm beizustehen, aber die Bauern liefen davon aus Angst, für den Überfall verantwortlich gemacht zu werden. Montaigne hatte die Aufgabe, mit ihnen zu sprechen. «Was sollte ich ihnen sagen?», schrieb er. Sie hatten zu Recht Angst. In einem anderen von Montaigne erwähnten Fall gestanden Mörder einen Mord, für den bereits andere verurteilt worden waren und kurz vor der Hinrichtung standen. Die Hinrichtung jedoch wurde nicht aufgeschoben. Das Gericht entschied, die Männer hinzurichten, um für die Annullierung von Urteilen keinen Präzedenzfall zu schaffen.

Montaigne war nicht der Einzige, der im 16. Jahrhundert eine Rechtsreform forderte. Viel von seiner Kritik ist ein Widerhall dessen, was sein Zeitgenosse, der aufgeklärte Kanzler Frankreichs, Michel de L'Hôpital, in einer Kampagne anprangerte, die zu spürbaren Verbesserungen führte. Andere Argumente Montaignes waren origineller und weitsichtiger. Das größte Problem der Rechtsprechung sei, dass sie eine Grundtatsache außer Acht lasse: die Fehlbarkeit des Menschen. Es werde ein endgültiges Urteil erwartet, aber oft sei es unmöglich, zu einem Urteil zu kommen, das Hand und Fuß hatte, denn die Beweislage war mangelhaft oder inadäquat, und die Richter machten Fehler. Kein Richter könne ehrlicherweise davon ausgehen, dass alle seine Entscheidungen unanfechtbar waren. Sie folgten oft mehr seinen Neigungen als der Beweislage, und nicht selten spielte es für die Entscheidungsfindung eine Rolle, ob die Richter ihr Mittagessen gut verdaut hatten oder nicht. Das sei ganz natürlich und unvermeidlich, aber ein kluger Richter müsse sich zumindest seiner Fehlbarkeit bewusst sein. Er könne lernen, seine ersten Impulse noch einmal zu überdenken und sorgfältiger zu urteilen. Das einzig Gute an der Rechtsprechung sei, dass sie die Fehlbarkeit des Menschen offenkundig mache: eine gute philosophische Lektion.

Wenn die Juristen nicht unfehlbar waren, dann ebenso wenig die Gesetze, die sie formulierten. Auch das war eine Tatsache, die man anerkennen und hinnehmen musste. Der zweifelnde, kritisch distanzierte

Blick auf sich selbst und das Eingeständnis der eigenen Unvollkommenheit sind ein Kennzeichen von Montaignes Denken allgemein.

Wenn ich also auch ein Mensch
bin, der einiges gelesen hat,
so doch einer, der nichts behält.

7.

Vergesslich, begriffsstutzig, cool

Wenn Montaigne sich die Mühe machte, ein Buch durchzublättern, vergaß er, wie er selbst sagte, hinterher gleich wieder, was er gelesen hatte. «Das Gedächtnis ist ein höchst hilfreiches Instrument, ohne das der Verstand sein Werk kaum verrichten kann», schrieb er und fügte hinzu: «Mir fehlt es völlig.»

> Keinem Menschen steht es schlechter an als mir, vom Gedächtnis zu reden, denn ich entdecke in mir kaum eine Spur davon, und ich bezweifle, dass es auf der ganzen Welt ein zweites gibt, das so ungeheuerlich versagt.

Er gab zu, dass ihn das störte. Es war ärgerlich, dass sich die interessantesten Ideen wieder verflüchtigten, die ihm bei einem Ausritt kamen, wenn er kein Papier dabei hatte, um sie zu notieren. Auch an seine Träume hätte er sich gern deutlicher erinnert. Er zitiert Terenz, wenn er schreibt: Mein Gedächtnis «ist durchlöchert wie ein Sieb».

Montaigne verteidigte oft jene, die außerordentliche Anforderungen an ihr Gedächtnis zu bestehen hatten. Es berührte ihn beispielsweise zutiefst, als er las, wie

Lynkestes vor dem versammelten Heer eine Rede zu seiner Verteidigung halten musste, nachdem man ihn der Verschwörung gegen Alexander den Großen beschuldigt hatte. Lynkestes hatte den Text vorher memoriert, aber jetzt brachte er nur stammelnd ein paar Worte heraus. Einige Soldaten verloren die Geduld und töteten ihn mit ihren Speeren, im Glauben, seine Verwirrung bekunde sein schlechtes Gewissen. «Ein schlüssiges Argument, fürwahr!», rief Montaigne aus. Die Verwirrung beweise jedoch nur, dass ein überlastetes Gedächtnis unter Anspannung und Erwartungsdruck scheut wie ein Pferd in Panik und zusammenbricht.

Selbst wenn das eigene Leben nicht auf dem Spiel stand, war es nicht unbedingt eine gute Idee, eine Rede auswendig zu lernen. Einem spontanen Vortrag konnte man besser zuhören. Als Montaigne selbst öffentlich reden musste, bemühte er sich um Lockerheit und legte es darauf an, seine «Gebärden so erscheinen zu lassen, als ob sie sich unwillkürlich und ohne Vorbedacht aus den Umständen ergäben». Insbesondere vermied er Gliederungen bei der Aufzählung von Argumenten, da man leicht einzelne Punkte vergaß oder weitere hinzufügte.

Manchmal vergaß er ausgerechnet das, was ihm als die wichtigste Information erschien. Als er Tupinambá-Eingeborenen begegnete, die von französischen Siedlern aus Brasilien mitgebracht worden waren, hörte er genau zu, als sie ihre Eindrücke von Frankreich schilderten. Es gab drei interessante Aspekte, doch als Montaigne sie in seinen *Essais* wiedergeben wollte, erinnerte er sich nur noch an zwei. Andere Vergesslichkeiten waren gravierender. In einem später veröffentlichten Brief zum Tod seines Freundes La Boétie, des Menschen, den er in seinem Leben am meisten geliebt hatte, gestand er, einige der letzten Handlungen und Worte des Freundes vergessen zu haben.

Montaignes Eingeständnis solcher Unzulänglichkeiten war eine direkte Infragestellung des rhetorischen Ideals der Renaissance, dem zufolge gut denken so viel bedeutete wie gut sprechen. Und gut und angemessen zu sprechen bedeutete, die Argumentation mit geistreichen Zitaten und Beispielen auszuschmücken. Anhänger der Erinnerungskunst, der *ars memoriae*, eigneten sich Techniken zur ellenlangen Aneinanderreihung rhetorischer Figuren an und entwickelten diese Techniken zu einem Programm der philosophischen Selbstverbesserung. Für Montaigne hatte ein solches Bemühen keinen Reiz.

Schon einige seiner frühesten Leser bezweifelten, dass sein Gedächtnis tatsächlich so schlecht war, wie er behauptete. Das ärgerte ihn so sehr, dass er sich in den *Essais* darüber beklagte. Die Zweifler wiesen dennoch darauf hin, dass er beispielsweise keine Schwierigkeiten zu haben schien, Lektürezitate zu behalten. In den *Essais* tauchen viele auf, etwa, sein Gedächtnis sei «durchlöchert wie ein Sieb». Entweder war er weniger vergesslich, als er glaubte, oder er war weniger faul, als er behauptete, denn wenn er die Zitate nicht im Kopf behielt, muss er sie wohl aufgeschrieben haben. Einige waren regelrecht wütend auf ihn. Der Dichter Dominique Baudier, fast ein Zeitgenosse, sagte, Montaignes Klagen über sein schlechtes Gedächtnis stießen ihn ab und brächten ihn gleichzeitig zum Lachen: eine extreme Reaktion. Und der Philosoph Malebranche aus dem 17. Jahrhundert hatte das Gefühl, von Montaigne belogen zu werden – ein schwerwiegender Vorwurf gegenüber einem Autor, der sich viel auf seine Aufrichtigkeit zugute hielt.

An dem Vorwurf ist aber durchaus etwas dran. Montaignes Erinnerungsvermögen war bestimmt besser, als er zugeben wollte. Jeder Mensch fühlt sich manchmal von seinem Gedächtnis im Stich gelassen, das ist ganz normal. Und ein undiszipliniertes, sprunghaftes Gedächtnis war in Anbetracht von Montaignes lockerer Erziehung und seines Unwillens, sich Zwang anzutun, nicht weiter verwunderlich. Wenn er immer wieder die Unzulänglichkeit seiner Erinnerung bekundet, so kann man darin auch einen impliziten Hinweis auf Tugenden sehen, die er für wichtiger hielt. Hierzu zählte paradoxerweise die Aufrichtigkeit. Das Sprichwort sagt: Ein Lügner muss ein gutes Gedächtnis haben. Wenn Montaigne nichts behalten konnte, musste er die Wahrheit sagen. Ein schlechtes Gedächtnis zwang auch dazu, sich in seinen Reden und Anekdoten kurz zu fassen, und ermöglichte ein sicheres Urteil. Menschen mit einem guten Gedächtnis haben den Kopf voll, Montaignes Kopf jedoch war so wunderbar leer, dass dem gesunden Menschenverstand nichts in die Quere kommen konnte. Und schließlich vergaß ein vergesslicher Mensch auch rasch die Kränkungen, die andere

Gravuren auf den Deckenbalken der Montaigne'schen Bibliothek

ihm zufügten, und hegte weniger Groll. Kurzum, er präsentierte sich als jemand, der auf einer Wolke des glückseligen Vergessens durch die Welt schwebte.

Ein Bereich, in dem Montaignes Gedächtnis gut zu funktionieren schien, wenn er es nur wollte, war die Wiedergabe persönlicher Erlebnisse wie des Reitunfalls. Er verlor sich nicht in netten, oberflächlichen Anekdoten, sondern konnte seine inneren Gefühle wiedergeben – nicht bis in die kleinste Einzelheit, weil ihn Heraklits Fluss forttrug, dennoch aber sehr präzise. Der Psychologe Dugald Stewart meinte im 19. Jahrhundert, Montaignes schlechtes Gedächtnis habe ihn für diese Art der Beobachtung geradezu prädestiniert. Montaigne war empfänglich für jenes «unfreiwillige» Sich-erinnern, das später auch Proust in Bann schlug: für den unvermittelten Einbruch der Vergangenheit in die Gegenwart, ausgelöst durch einen längst vergessenen Geschmack oder Geruch. Solche Momente scheinen nur dann möglich, wenn man tief in das Meer des Vergessens eintaucht, wenn man in der richtigen Stimmung ist und über Ruhe und Muße verfügt.

Montaigne erzwang nichts. «Nur ganz behutsam darf ich es in Anspruch nehmen», schrieb er über sein Gedächtnis. «Es dient mir zu seiner, nicht zu meiner Stunde.» Was man unbedingt festhalten will, entzieht sich nur noch mehr. Umgekehrt prägt sich einem nichts tiefer ein als das, was man unbedingt vergessen möchte.

«Was mir sonst leicht und natürlich von der Hand geht, will mir nicht gelingen, wenn ich es mir ausdrücklich vorschreibe und gebiete.» Seinem Gedächtnis eigene Wege zu erlauben war Teil seiner Strategie, sich in seinem Handeln von der Natur leiten zu lassen. In seiner Kindheit war das Ergebnis oft, dass er faul und nichtsnutzig erschien, was er in vieler Hinsicht wohl auch war. Trotz der ständigen Bemühungen seines Vaters, ihn zu motivieren, schrieb er, sei er «so schwerfällig, schlaff und verschlafen gewesen, dass man mich meiner Saumseligkeit nicht einmal zum Spielen entreißen konnte».

Seiner eigenen Einschätzung nach war Montaigne nicht nur müßiggängerisch, sondern auch schwer von Begriff. «Schon ein winziges Wölkchen», schrieb er, trübe ihm derart den Blick, dass er «zum Beispiel nie auch nur das leichteste Rätsel zu lösen vermochte [...]. Daher verstehe ich von allen Spielen, die sein [des Geistes] Mitspiel erfordern – Dame und Schach etwa oder Karten und dergleichen –, nur die gröbsten Züge.» Er war «schwer von Begriff» und «statt findig – lahm; vor allem aber litt ich an einer unglaublichen Gedächtnisschwäche». Er tut so, als hätten alle seine Talente und Begabungen in friedlichem Schlummer gelegen.

Aber es gab auch Vorteile. «Was ich einmal begriffen habe, behalte ich» und «Was ich freilich sah, das sah ich gut», behauptete er. Darüber hinaus benutzte er seine träge Gemütsart gern als Deckmäntelchen, unter dem er «kühne Gedanken» und unabhängige Ansichten verstecken konnte. Seine angebliche Unzulänglichkeit ermöglichte es ihm, etwas viel Wichtigeres für sich in Anspruch zu nehmen als eine schnelle Auffassungsgabe: ein gesundes Urteilsvermögen.

Montaigne wäre ein gutes Beispiel für die Bewegung «Slow Movement», die sich seit ihren Anfängen Ende des 20. Jahrhunderts langsam und bedächtig zu einem regelrechten Kult entwickelt hat. Wie Montaigne erklären auch die Anhänger dieser Bewegung die Langsamkeit zum Lebensprinzip. Ihr Manifest ist Sten Nadolnys Roman *Die Entdeckung der Langsamkeit*, der die Lebensgeschichte des Polarforschers John Franklin erzählt. Franklin wird als Kind gehänselt, doch im hohen Norden entdeckt er die seinem Naturell angemessene Umgebung: einen Ort der Gemächlichkeit, wo man innehalten und nachdenken kann, ohne überstürzt handeln zu müssen. Der 1983 erschienene Roman wurde zum Weltbestseller und sogar als alternatives Managementhandbuch empfohlen. Unterdessen entwickelte sich die Slow-Food-Bewegung, die in Italien als Protest gegen die Eröffnung eines McDonald's-Restaurants in Rom gegründet worden war, zu einer Philosophie vom guten Leben.

Montaigne hätte all das sehr gut nachvollziehen können. Für ihn war Langsamkeit der Schlüssel zur Weisheit und Mäßigung die Geisteshaltung gegen die Exzesse und den religiösen Fanatismus, die zu seinen Lebzeiten Frankreich beherrschten. Zum Glück war er von seinem Charakter her gegen beides immun und ließ sich nicht von einem religiösen Eifer mitreißen, der seine Zeitgenossen erfasst zu haben schien. Ich «bleibe fast immer in derselben Verfassung, wie es für schwere und träge Körper kennzeichnend ist», schrieb er. Sein träges Naturell habe ihn resistent gegen Einschüchterungen gemacht, da er «völlig unfähig gewesen wäre, sich dem Joch von Zwang und Gewalt zu beugen».

Aber wie so oft bei Montaigne ist auch das nur die halbe Wahrheit. Als junger Mann konnte er durchaus über die Stränge schlagen, und er war rast- und ruhelos. In den *Essais* schreibt er: «Ich weiß nicht, was mir schwerer fällt: den Geist oder den Körper an einem Punkt festzuhalten.» Vielleicht spielte er die Rolle des trägen Faulenzers nur, wenn es ihm passend schien.

«Das meiste von dem, was man gelernt hat, wieder vergessen» und «schwer von Begriff sein» sind zwei von Montaignes besten Antworten auf die Frage, wie man leben soll. Diese Bedächtigkeit verhalf ihm zu sicheren Urteilen und immunisierte ihn gegen Fanatismus und Täuschungen, denen andere ausgeliefert waren. Und sie ermöglichte ihm, seinen eigenen Gedanken nachzugehen, wohin immer sie ihn führten – das Einzige, worauf es ihm wirklich ankam.

Begriffsstutzigkeit und Vergesslichkeit konnten trainiert werden, Montaigne jedoch war überzeugt, dass er das Glück hatte, beides von Geburt an zu besitzen. Seine Neigung, den eigenen Vorstellungen zu folgen, wurde schon früh offenkundig und manifestierte sich in einer erstaunlichen Selbstsicherheit: «Ich erinnre mich, dass seit meiner zartesten Kindheit an meiner Körperhaltung und meinem Gebaren irgend etwas auffiel, das auf einen gewissen eitlen und törichten Stolz hinzudeuten schien.» Die Eitelkeit war oberflächlich, er war allenfalls «besprenkelt» damit. Aber seine innere Unabhängigkeit schenkte ihm Coolness. Stets bereit, seine

Ansichten kundzutun, war der junge Montaigne auch bereit, andere auf das warten zu lassen, was er zu sagen hatte.

Wer ein Pferd am Zügel führt, hat gut zu Fuß gehn, sagt das Sprichwort. Ich reise daher zwar nie ohne Bücher, ob Krieg oder Frieden; doch es pflegt Tage und Monate zu dauern, ehe ich sie zur Hand nehme.

8.

Lob der Fremde: Auf Reisen

Im Sommer 1580 brach der inzwischen berühmte siebenundvierzigjährige Autor von seinem Landsitz und seinen Weinbergen auf, um Heilung für seine Nierensteine zu finden und die Welt oder zumindest ausgewählte Gebiete Europas zu sehen. Er plante, bis November 1581 unterwegs zu sein: siebzehn Monate. Zunächst reiste er durch einige Gebiete Frankreichs, offenkundig in geschäftlichen Angelegenheiten und vielleicht auch, um politische Missionen zu erfüllen. Unter anderem wurde er in Paris von König Heinrich III. empfangen, dem er seine *Essais* überreichte. Anschließend wandte er sich Richtung Osten, nach Deutschland, überquerte die Alpen und kam in die Schweiz und schließlich nach Italien. Wenn es nach ihm gegangen wäre, hätte die Reise sehr viel länger dauern können und ihn in entlegenere Gegenden geführt. Irgendwann spielte er sogar mit dem Gedanken, sich nach Polen zu wenden, begnügte sich aber dann mit dem sehr viel konventionelleren Ziel Rom, Endpunkt der Pilgerreise eines guten Katholiken und Krönung der *grand tour* jedes Bildungsreisenden der Renaissance.

Montaigne genoss nicht den Luxus, allein zu reisen.

Ein vermögender Adliger wie er war mit großem Gefolge unterwegs: mit Bediensteten, Bekannten und Reisebegleitern, von denen er sich allerdings so oft wie möglich abzusondern versuchte. Zu seiner Gruppe zählten vier junge Leute auf Bildungsreise. Einer war sein jüngster Bruder, Bertrand de Mattecoulon, gerade einmal zwanzig Jahre alt. Die anderen waren der Ehemann einer seiner Schwestern und der halbwüchsige Sohn eines Nachbarn sowie dessen Freund. Im Laufe der Reise verabschiedeten sie sich nacheinander zu anderen Zielen. Am glücklosesten war Mattecoulon, der in Rom das Fechten lernen wollte und im Duell einen Mann tötete. Montaigne musste alle Hebel in Bewegung setzen, um ihn aus dem Gefängnis zu befreien.

Das Reisen selbst war damals nicht weniger gefährlich, als sich zu duellieren. Die traditionellen Pilgerwege waren nicht immer benutzbar; manchmal musste man seinen Reiseplan ändern, um einem Seuchengebiet oder Straßenräubern auszuweichen. Einmal wechselte Montaigne seine geplante Route nach Rom, nachdem er von bewaffneten Raubüberfällen gehört hatte. Manche reisten mit Begleitschutz oder im Konvoi. Montaigne war bereits mit einer großen Gruppe unterwegs, was die Sache erleichterte, aber auch unerwünschte Aufmerksamkeit erregen konnte.

Es gab auch noch andere Unannehmlichkeiten. Beamte mussten bestochen werden, besonders in Italien, das für seine Korruption und bürokratischen Exzesse berüchtigt war. Überall in Europa waren die Stadttore schwer bewacht. Man musste die richtigen Ausweise, eine Reiseerlaubnis und Gepäckscheine vorlegen sowie ordentlich gestempelte sogenannte Pestbriefe, die bestätigten, dass man nicht durch ein Seuchengebiet gereist war. An den Kontrollpunkten der Städte bekam man oft einen Passierschein für den Aufenthalt in einem bestimmten Hotel, der vom Hotelbesitzer gegengezeichnet werden musste. Es war wie eine Reise durch Ostblockstaaten mitten im Kalten Krieg, allerdings mit sehr viel größerer Rechtsunsicherheit und größeren Gefahren.

Hinzu kamen die Unannehmlichkeiten der Reise selbst. Man reiste meist zu Pferd. Man konnte zwar auch eine Kutsche mieten, aber die Sitze waren in der Regel härter als ein Pferdesattel. Montaigne bevorzugte das Reiten. Er kaufte und verkaufte unterwegs Pferde oder mietete welche für kürzere Strecken. Flussfahrten waren eine weitere Option, aber Montaigne wurde leicht seekrank und vermied sie daher. Das Reiten verschaffte ihm die Freiheit, nach der er sich sehnte, und erstaunlicherweise empfand er auch während einer Nierenkolik die Fortbewegung im Sattel als besonders angenehm.

Was er am Reisen vor allem liebte, war das Gefühl des «maßvollen Bewegtseins». Starre Reisepläne lehnte er ab. «Sieht es rechts bedenklich aus, wende ich mich nach links; fühle ich mich zu schlecht, mich in den Sattel zu schwingen, bleibe ich, wo ich bin.» Er reiste so, wie er las und schrieb. Leonard Woolf, der mehr als dreihundert Jahre später mit seiner Frau durch Europa reiste, sagte über Virginia, sie hätte sich bewegt wie ein

Wal, der den Ozean nach Plankton durchstreift, und eine «passive Wachsamkeit» kultiviert, eine eigenartige Mischung aus «Hochgefühl und Entspannung». Ähnlich Montaigne. Er rollte «im Dahinrollen der Himmel gelassen mit», wie er es genüsslich formulierte, allerdings mit dem Vergnügen eines Kindes, das alles zum ersten Mal und mit höchster Aufmerksamkeit erlebt.

Er machte nicht gern Pläne, wollte aber auch nichts verpassen. Sein Sekretär, der ihn begleitete und eine Zeitlang sein Reisetagebuch führte, notierte, Montaignes Reisebegleiter hätten sich über seine Angewohnheit beklagt, vom Weg abzuweichen, wenn er von Merkwürdigkeiten an diesem oder jenem Ort hörte, die ihn neugierig machten. Aber Montaigne entgegnete nur, er könne gar nicht vom rechten Weg abweichen, weil es gar keinen gebe. Festgelegt habe er sich nur darauf, lauter unbekannte und fremde Städte und Gegenden zu durchreisen. Solange er also einen Weg nicht zweimal gehe und einen Ort nicht doppelt besuche, könne man ihm keinen Fehler seines Reiseplans vorwerfen.

Das Einzige, was ihn bremste, war sein später Aufbruch. «Da ich Spätaufsteher bin, kann mein Gefolge in aller Ruhe vor dem Weiterreisen das Mittagsmahl einnehmen.» Das entsprach seiner sonstigen Gewohnheit, denn er kam morgens nur schwer in die Gänge. Insgesamt jedoch versuchte er, auf Reisen mit seinen Gewohnheiten zu brechen. Im Unterschied zu anderen Reisenden verschmähte er nicht die regionale Küche und ließ sich das Essen so servieren, wie es an dem jeweiligen Ort üblich war. Er bedauerte, seinen Koch nicht mitgenommen zu haben – nicht weil er die heimatliche Küche vermisste, sondern weil der Koch keine Rezepte der fremden Gerichte mit nach Hause nehmen konnte.

Er schämte sich, wenn er beobachtete, wie sehr sich seine Landsleute freuten, im Ausland einem Franzosen zu begegnen. Sie rückten hautnah zusammen und verbrachten ganze Abende damit, sich lautstark über das barbarische Verhalten der Einheimischen auszulassen. Dabei waren sie noch die Einzigen, die fremde Bräuche überhaupt wahrnahmen. Andere reisten «verschlossen, in ein misstrauisches und sich jeder Kommunikation versagendes Schweigen gehüllt, um ja nicht von der ihnen unbekannten Atmosphäre angesteckt zu werden.» Im Reisetagebuch bemerkte der Sekretär, wie sehr Montaigne selbst zum Gegenteil neigte und jedes Land, in das sie kamen, mit Lob überschüttete, während er für sein eigenes kein gutes Wort übrig hatte. «Natürlich floss in sein positives Urteil über dieses Land auch ein wenig die leidenschaftliche Verachtung seines eignen ein, das ihm aus anderen Gründen zuwider und verhasst war», meinte der Sekretär, vielleicht in Anspielung auf die Bürgerkriege.

Als anpassungsfähig erwies sich Montaigne auch in punkto Sprache. In Italien sprach er Italienisch und schrieb sogar sein Reisetagebuch auf Italienisch, das er von nun an selbst weiterführte. Er passte sich seiner Umgebung an wie ein Chamäleon oder ein Tintenfisch und versuchte, möglichst inkognito zu reisen. In Augsburg, schrieb der Sekretär, «wollte der Herr de Montaigne aus bestimmten Gründen [...] nicht, dass man

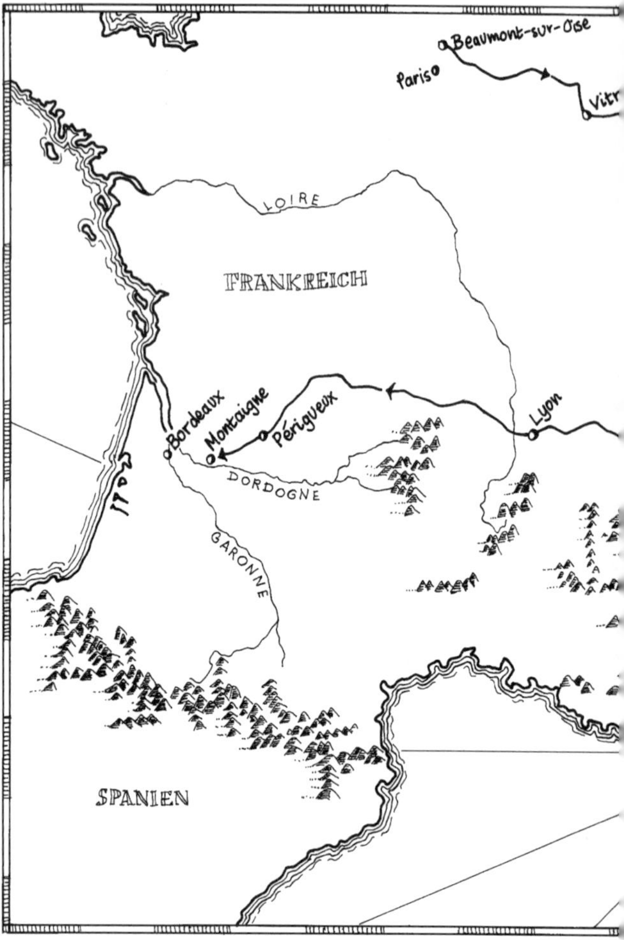
Beaumont-sur-Oise
Paris
LOIRE
FRANKREICH
Bordeaux
Montaigne
Périgueux
Lyon
DORDOGNE
GARONNE
SPANIEN

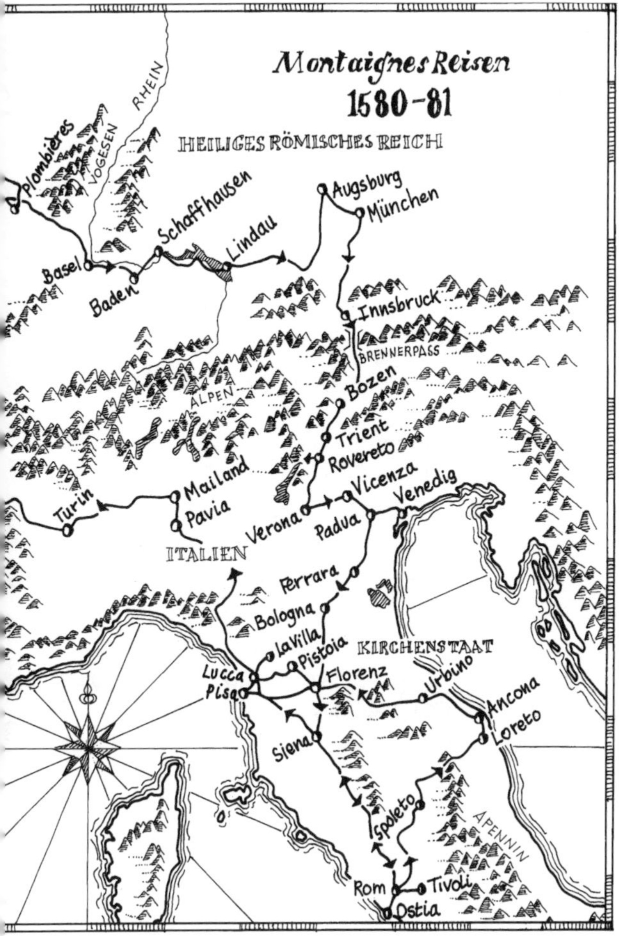
Montaignes Reisen
1580–81
HEILIGES RÖMISCHES REICH
RHEIN
VOGESEN
Plombières
Basel
Baden
Schaffhausen
Lindau
Augsburg
München
Innsbruck
BRENNERPASS
ALPEN
Bozen
Trient
Rovereto
Mailand
Pavia
Turin
Verona
Vicenza
Padua
Venedig
ITALIEN
Ferrara
Bologna
La Villa
Pistoia
KIRCHENSTAAT
Lucca
Pisa
Florenz
Urbino
Ancona
Loreto
Siena
Spoleto
APENNIN
Rom
Tivoli
Ostia

die gewünschten Auskünfte erteile und unseren wahren Stand verrate. Daher verzichtete er auch, als er sich den ganzen Tag in der Stadt umsah, auf sein Gefolge.» Aber das nutzte nichts. Als er in einer eiskalten Kirche Augsburgs in der Bank saß und seine Nase lief, zog er gedankenlos sein Taschentuch heraus und hielt es sich vor die Nase. Aber in Augsburg benutzte man keine Taschentücher, und so identifizierte man Montaigne sofort als Fremden, was ihn ärgerte. «So ereilte ihn schließlich gerade das Übel, dem er am meisten zu entfliehen suchte: bei den Einheimischen durch ein von ihren Sitten und Gebräuchen abweichendes Benehmen Auffallen zu erregen.»

Kirchen spielten auf Montaignes Reise überhaupt eine große Rolle. Er suchte sie nicht auf, um zu beten, sondern weil ihn die Liturgie interessierte: in den protestantischen Kirchen Deutschlands ebenso wie in den katholischen Italiens. In Augsburg nahm er an einer Kindstaufe teil und stellte (nachdem man ihn als Fremden enttarnt hatte) viele Fragen zu diesem Ritual. In Italien besuchte er Synagogen und wohnte in einem Privathaus einer jüdischen Beschneidung bei.

Merkwürdige Ereignisse und Geschichten weckten stets sein Interesse. Im lothringischen Plombières-les-Bains, noch am Anfang seiner Reise, begegnete er einem Soldaten, bei dem «eine Stelle seines Barts und eine halbe Augenbraue ganz weiß» waren. Der Mann erklärte Montaigne, sein Bart und seine Augenbraue seien an einem einzigen Tag weiß geworden, als sein Bruder gestorben sei und er stundenlang dasaß und weinte, diese Seite des Gesichts in eine Hand gestützt. In Vitry-le-François erfuhr er die Geschichte von sieben oder acht Mädchen, die «den Plan ausgeheckt hatten, sich als Männer zu verkleiden». Eine heiratete eine Frau und lebte mehrere Monate mit ihr, «vergnüglich», wie man ihm sagte, bis jemand den Fall den Behörden meldete und sie gehängt wurde. In derselben Region lebte ein Mann, Germain, der bis zu seinem zweiundzwanzigsten Lebensjahr weiblich war, bis ihm eines Tages, als er über ein Hindernis sprang, «männliche Geschlechtsteile» hervorschnellten. In der Stadt entstand daraufhin ein Lied, in dem die Mädchen ermahnt wurden, ihre Beine beim Springen nicht zu weit zu spreizen, damit ihnen nicht dasselbe passiere.

Montaigne war fasziniert von den Tischsitten, die ja immer einen willkommenen Anlass bieten, Kulturen miteinander zu vergleichen. In der Schweiz wurden die «vor den Gästen stehenden Becher oder Silberpokale aus einem Zinn- oder Holzgefäß mit langer Schnepfe» gefüllt. Und nach dem Fleischgericht warfen alle ihren Teller in einen geflochtenen Korb in der Mitte des Tisches. «Zudem verwendet der Schweizer zu jedem Gericht ein Messer, und kaum greift er je mit den Fingern zu.» Die Schweizer benutzten bei Tisch als Serviette nur ein Tuch von einem halben Fuß Länge, «obwohl sie reichlich Soßen und Topfgerichte zu sich nehmen». Noch mehr verwunderten ihn die schweizerischen Schlafzimmer. «Ihre Betten sind so hoch, dass man zumeist auf Stufen in sie steigt; und fast immer stehn unter den großen Betten noch kleine.»

Um einen lästigen Gedanken loszuwerden, brauche ich bloß zu den Büchern zu greifen – sie befreien mich davon, indem sie mich sogleich voll in Anspruch nehmen. Sie verübeln es mir nicht einmal, daß ich immer nur dann ihre Gesellschaft suche, wenn ich jene andren, wirklicheren, lebendigeren und natürlicheren – Genüsse entbehren muß, sondern empfangen mich stets mit gleich freundlicher Miene.

9.

Ein merkwürdiges Reisetagebuch

Alles, was Montaigne bemerkenswert erschien, diktierte er seinem Sekretär in die Feder. In einem Gasthaus in Lindau war «in die Täfelung des Speisesaals eine Art Käfig für eine Unzahl von Vögeln eingelassen. Er war mit an Messingdrähten befestigten Hängestegen versehn, auf denen die Vögel von einem Ende des Saals zum andern spazierten.» In Augsburg begegneten sie einer Gruppe von Leuten, die zum Herzog von Sachsen unterwegs waren, um ihm zwei Straußenvögel zu bringen. Montaigne bemerkte auch, dass man hier die Gläser «mit einer langstieligen Bürste aus feinen Borsten» reinigte. Fasziniert war er von einer ferngesteuerten zweitorigen Anlage in der Stadtmauer, deren Kammern verschließbar waren wie die Schleusen eines Kanals, so dass Angreifer keine Chance hatten, in die Stadt zu gelangen.

Wohin Montaigne und seine Begleiter auch kamen, suchten sie Parks mit Brunnen und Wasserspielen auf und delektierten sich stundenlang an boshaften Albernheiten: Im Park der Fugger in Augsburg verdeckte ein Holzpfad zwischen zwei Fischteichen Messingdüsen, aus denen arglose Damen und Herren nassgespritzt wurden. Im selben Garten schoss auf Knopfdruck ein Wasserstrahl demjenigen ins Gesicht, der genau in die Richtung des Brunnens blickte. Der am Brunnen angebrachte lateinische Spruch lautete: «Du wolltest neckischen Schnickschnack? Freu dich doch – hier hast du ihn!» Montaignes Reisegesellschaft hatte ihren Spaß.

Große Kunstwerke scheinen Montaigne weniger beeindruckt zu haben, jedenfalls machte er nur gelegentlich Bemerkungen darüber: beispielsweise über Michelangelos Skulpturen in Florenz, die er als «Statuen von ungemeiner Schönheit» bezeichnete. Auch in den *Essais* finden sich kaum Äußerungen zur bildenden Kunst. Doch da er ein Zimmer seines Turms mit Fresken ausmalen ließ, muss er einen Bezug zur Malerei gehabt haben. Den Wunsch, darüber zu schreiben, hat er wohl nicht verspürt, auch wenn auf vielen Renaissancegemälden in Italien die Farbe noch kaum trocken war.

Manche Leser seines Reisetagebuchs warfen ihm denn auch vor, er sei von den Kunstschätzen Italiens nicht begeistert gewesen, insbesondere die Romantiker. Sie waren die Ersten, die seine Reiseaufzeichnungen lesen konnten, denn das Manuskript wurde erst im Jahr 1772 in einem Koffer auf Schloss Montaigne gefunden. Die Entdeckung war eine Sensation, doch viele Leser des ausgehenden 18. Jahrhunderts waren enttäuscht. Sie vermissten nicht nur eine angemessene Würdigung der Kunstwerke Italiens, sondern auch schwärmerisch begeisterte Äußerungen über die erhabene Schönheit der Alpen und melancholische Betrachtungen zu den Ruinen Roms. Stattdessen wurden sie mit detaillierten

Schilderungen von Montaignes Harnstau und mit pikanten, alles andere als erhabenen Bemerkungen über die Gasthöfe, das Essen, technische Errungenschaften sowie Sitten und Gebräuche der besuchten Orte beschenkt. Auch folgende Notate von Montaignes Sekretär stießen auf wenig Begeisterung: «Das von Herrn de Montaigne am Dienstag getrunkene Wasser hatte ihm dreimaligen Stuhlgang verschafft.» Oder die Auskunft, dass er zwei Tage später das Trinken des Heilwassers fortsetzte, «das vorn wie hinten Wirkung zeigte». Und der Enthusiasmus der Leser hielt sich auch dann in Grenzen, als Montaigne selbst das Tagebuch weiterführte und kundtat, dass ein Nierenstein abgegangen war, «groß und lang wie ein Tannenzapfen, an einem Ende aber wies er eine Verdickung auf, die einer Eichel glich – um die ganze Wahrheit zu sagen: Er hatte haargenau die Form eines Schwanzes.» Das Einzige, was zumindest schweizerische und deutsche Leser goutieren konnten, waren Montaignes großzügige Komplimente über ihr Land, insbesondere sein Lob für die Kachelöfen und Feuerstellen in der Schweiz.

Die verhaltene Begeisterung dieser ersten Leser lieferte die Vorlage für die weitere Rezeption: Das *Tagebuch der Reise nach Italien über die Schweiz und Deutschland* wurde als ein armer Verwandter der *Essais* angesehen. Gerade wegen ihrer Detailgenauigkeit sind diese Aufzeichnungen aber eine vergnüglichere Lektüre als die schwülstigen Reiseberichte der Romantik.

Ein anderer ansprechender Grundzug des Reisetagebuchs ist die Tatsache, dass der Sekretär uns ein Porträt Montaignes liefert, das sich mit dem selbstreflexiven Verfasser der *Essais* auf verblüffende Weise deckt. Der Leser erlebt einen Montaigne, der bestrebt ist, alle Vorurteile über andere Nationen abzulegen, wie man es von ihm erwarten durfte. Er wirkt begeistert und neugierig, manchmal aber auch egoistisch, wenn er seine murrenden Reisebegleiter an Orte schleppt, die ihnen nicht lohnenswert erscheinen. Es findet sich auch der implizite Hinweis, dass er zu viele langatmige Reden hielt, obwohl (oder vielleicht weil) ihn so etwas langweilte. In Basel wurde er an der Tafel mit einer «langen Ansprache begrüßt», die Montaigne «mit einer noch wesentlich länger dauernden beantwortete». Und in Schaffhausen überreichte man ihm Wein, was «wiederum nicht ohne mehrere höchst feierliche Ansprachen beider Seiten» abging.

Auf italienischem Boden, den die Reisegruppe am 28. Oktober 1580 erreichte, waren Montaignes rhetorische Fähigkeiten weniger gefordert. Doch je näher sie dem Land kamen, desto mehr fragte sich Montaigne, ob er wirklich dorthin wollte. Italien, das Zentrum der europäischen Kultur, war *das* große Reiseziel. Venedig und Rom hatten ihn schon sein Leben lang gelockt, doch jetzt stellte er fest, dass ihn weniger bekannte Orte sehr viel mehr reizten. Wenn es nach Montaigne gegangen wäre, bemerkte der Sekretär, als sie die Alpen erreicht hatten, hätte er sich «nach Krakau oder Richtung Griechenland» statt nach Italien gewendet, vielleicht einfach nur deshalb, um noch länger unterwegs zu sein. Aber er stieß auf den Widerstand seiner Begleiter und erklärte sich schließlich bereit, den Weg nach Italien einzuschlagen wie alle anderen auch. Und bald ging es ihm wieder besser. «Nie erlebte ich ihn weniger abgeschlagen, nie weniger über seine Schmerzen klagend», schrieb jetzt der Sekretär, «als wenn sein Geist im Gasthaus oder unterwegs auf das Kommende gespannt war und darauf, welche (stets eifrig gesuchte) Gelegenheiten zu Unterhaltungen mit den Fremden es ihm böte. Ebendies, glaube ich, lenkte ihn von seinem Leiden ab.»

Venedig, ihr erster längerer Aufenthalt in Italien, bestätigte mit seinem Menschengewühl Montaignes Befürchtung, die Stadt sei von Touristen überlaufen. Nach Auskunft des Sekretärs fand Montaigne Venedig «nicht ganz so bewundernswert», wie er es sich vorgestellt hatte. Dennoch besichtigte er die Stadt durchaus begeistert, er mietete eine Gondel, traf sich mit allen möglichen interessanten Leuten und ließ sich von der bizarren Geographie der Stadt, ihrer kosmopolitischen Bevölkerung und ihrem politischen Status als unabhängige Republik in Bann schlagen. Venedig schien eine politische Faszination zu besitzen, die anderen Städten fehlte. Die Republik beteiligte sich nur dann an militärischen Auseinandersetzungen, wenn es etwas zu gewinnen gab, und ihre Regierung war gerecht. Beeindruckt war Montaigne auch von der Würde und dem Luxus, in dem die Kurtisanen lebten, vor aller Augen ausgehalten von einheimischen Adligen und allseits respektiert. Er lernte eine der berühmtesten kennen, Veronica Franco, die einen Inquisitionsprozess überstanden und einen Band mit Briefen, die *Lettere familiari e diversi* veröffentlicht hatte, den sie Montaigne persönlich überreichte.

Dann reiste die Gruppe nach Ferrara weiter, wo Montaigne Torquato Tasso besuchte, und anschließend nach Bologna, wo man einem Fechtkampf beiwohnte. In Florenz hatten «die Herren wieder einen Spaß», als sie «aus einer schier unendlichen Zahl im Boden befindlicher kleiner Löcher mit Wasserstrahlen bespritzt» wurden, so dünn «wie feinste Regenschleier».

Rom rückte näher. Am Tag bevor sie die Stadt erreichten, dem 3. November 1580, war Montaigne so aufgeregt, dass er schon drei Stunden vor dem Morgengrauen alle aus dem Bett scheuchte, um die letzten Kilometer hinter sich zu bringen. Von seinem Weg aus machte die Stadt keinen besonderen Eindruck. «Die ganze Landschaft bot einen unfreundlichen und felsigen Anblick, voll tiefer Klüfte.» Doch dann entdeckten sie die ersten Ruinen, und endlich lag die große Stadt vor ihren Augen.

Die Erwartung wurde etwas gedämpft, als sie am Stadttor eine langwierige bürokratische Prozedur über sich ergehen lassen mussten. Ihr Gepäck wurde «bis zu den kleinsten Nebensächlichkeiten» durchwühlt. Die Beamten verbrachten unendlich viel Zeit damit, Montaignes Bücher zu prüfen. Rom stand unter der Herrschaft des Papstes: Gedankenverbrechen wurden hier sehr ernst genommen. Ein Stundenbuch wurde nur deshalb konfisziert, weil es in Paris und nicht in Rom veröffentlicht worden war, ebenso einige katholische theologische Schriften, die Montaigne aus Deutschland mitgebracht hatte. Er könne von Glück reden, nichts Verdächtigeres bei sich gehabt zu haben, meinte er. Unvorbereitet auf eine solche strenge Überprüfung, hätte er leicht auch wirklich ketzerische Bücher mit sich führen können, da er sich «auf seiner Reise durch dieses Land [Deutschland] über dessen Glaubenskämpfe so eingehend informiert hatte».

Auch ein Exemplar seiner *Essais* nahmen die Beamten zur Überprüfung mit. Er erhielt es erst im März, also vier Monate später, mit Korrekturvorschlägen zurück: Er hätte unter anderem das Wort *fortune*, Schicksal, verwendet, wurde kritisiert. Ein kirchlicher Beamter sagte ihm allerdings, die Einwände seien nicht sehr gravierend und der französische Ordensbruder, der die Korrekturvorschläge gemacht hatte, nicht sonderlich kompetent. «Ich hatte den Eindruck, dass sie mit mir sehr zufrieden waren», notierte Montaigne in sein Reisetagebuch. Selbstverständlich ignorierte er alle Vorschläge. Einige Autoren haben Montaignes Widerstand gegen die Inquisition als heldenhaft hervorgehoben, aber er musste nicht zu einem Galileo Galilei werden, um diese Prüfung zu bestehen.

Trotzdem vermittelten ihm diese Begegnungen einen schlechten ersten Eindruck von Rom, und er spürte ein Klima der Intoleranz. Gleichwohl war es für ihn eine kosmopolitische Stadt. Römer zu sein bedeutete, Weltbürger zu sein, und das erstrebte auch Montaigne. Deshalb ersuchte er um das römische Bürgerrecht – eine Ehre, die ihm am Ende seines viereinhalbmonatigen Aufenthalts gewährt wurde. Seine Freude darüber war so groß, dass er den Wortlaut der Urkunde im Kapitel «Über die Eitelkeit» in den *Essais* vollständig wiedergab: ein Akt der Eitelkeit, was ihn aber weiter nicht bekümmerte. «Gewiss, es ist ein bloßer Titel – trotzdem hat es mich sehr gefreut, ihn zu erhalten.»

Wer mir nun einwendet, es heiße die Musen entwürdigen, wenn man sich ihrer nur als Spielzeug und zum Zeitvertreib bediene, der weiß im Gegensatz zu mir nicht, welch hohen Wert Spaß, Spiel und Zeitvertreib haben – fast bin ich versucht zu sagen, jedes andre Ziel sei lächerlich.

10.

Und was hat das mit mir zu tun?

Man könnte fragen, ob für einen Essayisten wie Montaigne heute überhaupt noch Bedarf besteht. Die Menschen in den Industrienationen des 21. Jahrhunderts sind krasse Individualisten, und sie sind gleichzeitig so eng miteinander vernetzt, wie es sich ein Weingutsbesitzer des 16. Jahrhunderts niemals hätte träumen lassen. Montaignes Ichgefühl könnte man als banal abtun. Doch er hat mehr zu bieten als die Aufforderung, sich mit sich selbst zu beschäftigen. Das 21. Jahrhundert hat von seinem Lebensgefühl viel zu lernen – und in seinen schwierigsten Phasen fehlte ihm bisher eine montaignische Strategie: das Gefühl für Mäßigung; Geselligkeit und Höflichkeit, die er so liebte; die Urteilsenthaltung und das subtile Verständnis der psychologischen Mechanismen angesichts von Konfrontation und Konflikt. Wir brauchen heute Montaignes Überzeugung, dass keine himmlischen oder apokalyptischen Visionen, keine Allmachtsphantasien auch nur das kleinste Ich in der realen Welt überstrahlen können. Für Montaigne ist «jene sehr alte und von allen Religionen geteilte Auffassung [undenkbar], dass wir den Himmel und die Natur durch Mord und Totschlag

Château de Montaigne.
Im Hintergrund Montaignes Bibliotheksturm,
Foto um 1930

besänftigen könnten». Wer glaubt, das Leben könne dies von uns verlangen, verkennt den überragenden Wert der alltäglichen Existenz. Er vergisst, dass ein Welpe, den du in einem Eimer Wasser ertränken willst, oder eine Katze, die gern spielen möchte, dich genauso betrachtet wie du sie: zwei Individuen, die einander Auge in Auge gegenüberstehen und Gutes voneinander erwarten.

Vielleicht gebührt ja Montaignes letzte Antwort seiner Katze, einem Individuum des 16. Jahrhunderts, das auf einem Landgut an der Seite eines liebevollen und aufmerksamen Menschen ein recht angenehmes Leben führte. Sie war es, die ihm, wenn sie in einem unpassenden Moment mit ihm spielen wollte, in Erinnerung rief, was es heißt, am Leben zu sein. Sie blickten einander an, und für einen kurzen Moment übersprang Montaigne jene Grenzlinie, um sich selbst mit den Augen seiner Katze zu sehen. Diese und zahllose ähnliche Momente sind der Ursprung seiner ganzen Philosophie.

Und da sind also nun die beiden, in seiner Bibliothek. Das Kratzen von Montaignes Schreibfeder auf dem Papier weckt die Neugier seiner Katze. Sie berührt mit der Pfote vorsichtig die übers Papier streichende Feder. Er schaut sie an, vielleicht einen Moment lang ärgerlich über diese Störung. Dann lächelt er, neigt die Feder und zieht sie über die Seite. Die Katze macht einen Satz. Ihre Pfoten verschmieren die Tinte der zuletzt geschriebenen Wörter, ein paar Blätter fallen zu Boden. An dieser Stelle können wir die beiden ruhig sich selbst überlassen, ihrem Leben und Montaignes Arbeit an den *Essais*, und uns wieder unserem eigenen Leben zuwenden – und der unabgeschlossenen Lektüre der *Essais*.

Nachweise

Abbildungen:

S. 2: © ullstein bild / Roger-Viollet
S. 13: © alamy stock photo
S. 22: © akg-images
S. 32: © ullstein bild / Roger-Viollet
S. 34: © ullstein bild / Roger-Viollet
S. 37: Mcleclat, https://commons.wikimedia.org/wiki/File:Librairie_Montaigne1.jpg
S. 54: © alamy stock photo
S. 61: © ullstein bild / Photo12
S. 70: © akg-images
S. 79: © akg-images / Erich Lessing
S. 90 f.: © Sandra Oakins
S. 104: © bpk / adoc-photos
S. 109: © Simonetta Ficai Veltroni

Montaigne-Zitate:

Die Zitate auf Seite 7, 16, 26, 40, 48, 57, 66, 74, 84, 94, 102 sowie auf der Umschlagrückseite stammen aus Montaignes Essays *Über Bücher* und *Über dreierlei Umgang* in: Michel de Montaigne, *Essais*. Erste moderne Gesamtübersetzung von Hans Stilett (erschienen als Sonderband der Anderen Bibliothek im Eichborn Verlag, Frankfurt am Main, 1998) © AB – Die Andere Bibliothek GmbH & Co. KG, Berlin 1998, 2016

Sarah Bakewell lebt als Schriftstellerin in London und lehrt Creative Writing in Oxford. Sie arbeitete viele Jahre lang als Buchhändlerin und katalogisierte für den National Trust seltene Bücher. Bei C.H.Beck erschienen von ihr *Wie soll ich leben? oder Das Leben Montaignes in einer Frage und zwanzig Antworten* (4. Aufl. 2013, 2. Aufl. in C.H.Beck Paperback 2019) sowie *Das Café der Existenzialisten. Freiheit, Sein und Aprikosencocktails* (8. Aufl. 2017, 3. Aufl. in C.H.Beck Paperback 2019).

448 Seiten mit 26 Abbildungen. Broschiert
ISBN 978-3-406-72479-4

«Bakewells Gabe, selbst die anspruchsvollsten philosophischen Gedanken verständlich zu machen, lässt die Lektüre zu einem intellektuellen Vergnügen ersten Ranges werden. Gleichermaßen kenntnisreich wie leichtfüßig.»
Oliver Pfohlmann, Neue Zürcher Zeitung

«Ganz großes Denker-Kino!»
Christine Dössel, Süddeutsche Zeitung

C.H.BECK
WWW.CHBECK.DE